Madeleine Ha

*Choix de Poèmes*

BY THE SAME AUTHOR

*Creative French, Books 1, 2 and 3*
(a language course to Ordinary Level)

*Teaching a Modern Language*

*An Introduction to the Study of Comparative Education*

*Power and Politics in Belgian Education*

*None can be called Deformed*

*Nous les Gosses*

# CHOIX de POÈMES

*edited by*

VERNON MALLINSON

HEINEMANN EDUCATIONAL

BOOKS LTD · LONDON

Heinemann Educational Books Ltd
LONDON EDINBURGH MELBOURNE TORONTO
SINGAPORE JOHANNESBURG AUCKLAND
IBADAN HONG KONG NAIROBI

SBN 435 37562 8



First published 1963
Reprinted 1966, 1969

Published by
Heinemann Educational Books Ltd
48 Charles Street, London W1X 8AH

Printed in Great Britain by
Butler & Tanner Ltd, Frome and London

# CONTENTS

PREFACE ix
INTRODUCTION xi

## I. A LA MAISON

| | | |
|---|---|---|
| 1. *O la splendeur de notre joie* | ÉMILE VERHAEREN | 3 |
| 2. *La maison abandonnée* | ALPHONSE DE LAMARTINE | 5 |
| 3. *Jean sans terre* | ROBERT GUIETTE | 6 |
| 4. *Souvenirs* | ÉMILE VERHAEREN | 6 |
| 5. *Dimanche* | MAX ELSKAMP | 8 |
| 6. *La salle à manger* | FRANCIS JAMMES | 9 |
| 7. *Le buffet* | ARTHUR RIMBAUD | 11 |
| 8. *Un soir* | FERNAND GREGH | 12 |
| 9. *Les pauvres gens* | VICTOR HUGO | 12 |
| 10. *Dansez!* | VICTOR HUGO | 14 |
| 11. *Lorsque l'enfant paraît* | VICTOR HUGO | 15 |
| 12. *Le bonheur de ce monde* | CHRISTOPHE PLANTIN | 16 |

## II. LA FOI CHRETIENNE

| | | |
|---|---|---|
| 13. *Noël Lyonnais* | ANONYMOUS | 19 |
| 14. *Noël* | THÉOPHILE GAUTIER | 20 |
| 15. *Pendant la tempête* | THÉOPHILE GAUTIER | 21 |
| 16. *Plainte d'un chrétien* | JEAN RACINE | 22 |
| 17. *Veni, Vidi, Vixi* | VICTOR HUGO | 23 |
| 18. *Ecrit au bas d'un crucifix* | VICTOR HUGO | 23 |
| 19. *Simplicité* | FRANZ HELLENS | 23 |
| 20. *Deo ignoto* | ROGER BODART | 25 |
| 21. *Rentrée des moines* | ÉMILE VERHAEREN | 26 |
| 22. *L'Epitaphe* | FRANÇOIS VILLON | 27 |

## III. LES SAISONS


23. *Rondel du printemps* — CHARLES D'ORLÉANS — 31
24. *Printemps* — STUART MERRILL — 32
25. *Pâques* — ÉMILE VERHAEREN — 32
26. *Achetez mes belles violettes* — JEAN RICHEPIN — 34
27. *La pluie d'été* — CHARLES VAN LERBERGHE — 35
28. *Il pleut* — FERNAND GREGH — 37
29. *Le verger* — RÉMY DE GOURMONT — 38
30. *Automne* — GUILLAUME APOLLINAIRE — 39
31. *Chanson d'automne* — PAUL VERLAINE — 40
32. *La neige* — ALFRED DE VIGNY — 41
33. *Paysage de neige* — MAURICE FRANC-NOHAIN — 41
34. *Rondel* — CHARLES D'ORLÉANS — 42


## IV. A LA CAMPAGNE


35. *Le village* — ÉMILE HENRIOT — 45
36. *Le village à midi* — FRANCIS JAMMES — 46
37. *Le Mardi gras au village* — ÉMILE VERHAEREN — 47
38. *La ferme* — ÉMILE VERHAEREN — 48
39. *Le rideau* — TRISTAN KLINGSOR — 50
40. *Les greniers* — ÉMILE VERHAEREN — 50
41. *Le moulin* — ÉMILE VERHAEREN — 52
42. *Saison des semailles* — VICTOR HUGO — 53
43. *Ma Bohême* — ARTHUR RIMBAUD — 54
44. *La nuit* — THÉODORE DE BANVILLE — 56


## V. LES BETES


45. *Le lion et le rat* — JEAN DE LA FONTAINE — 59
46. *La grenouille qui veut se faire aussi grosse qu'un bœuf* — JEAN DE LA FONTAINE — 60
47. *L'albatros* — CHARLES BAUDELAIRE — 61
48. *Les hiboux* — CHARLES BAUDELAIRE — 62
49. *Trois petits oiseaux dans les blés* — JEAN RICHEPIN — 63
50. *La pêche* — THÉODORE DE BANVILLE — 64
51. *L'enterrement d'une fourmi* — MAURICE ROLLINAT — 64

| | | |
|---|---|---|
| 52. *Mon humble ami, mon chien fidèle...* | FRANCIS JAMMES | 65 |
| 53. *Les chats* | CHARLES BAUDELAIRE | 66 |
| 54. *Complainte du petit cheval blanc* | PAUL FORT | 66 |
| 55. *Impression fausse* | PAUL VERLAINE | 69 |
| 56. *Les papillons* | JEAN RAMEAU | 70 |


## VI. TRISTESSE DU POETE

| | | |
|---|---|---|
| 57. *Ceux qui sont amoureux* | JOACHIM DU BELLAY | 73 |
| 58. *Allez-vous-en, allez, allez!* | CHARLES D'ORLÉANS | 74 |
| 59. *Sonnet pour Marie* | PIERRE RONSARD | 74 |
| 60. *Chanson* | ALFRED DE MUSSET | 75 |
| 61. *Tristesse* | ALFRED DE MUSSET | 76 |
| 62. *Le ciel est, par-dessus le toit* | PAUL VERLAINE | 76 |
| 63. *Il pleure dans mon cœur* | PAUL VERLAINE | 77 |
| 64. *La cloche fêlée* | CHARLES BAUDELAIRE | 78 |
| 65. *Recueillement* | CHARLES BAUDELAIRE | 78 |
| 66. *Le tabac* | MARC-ANTOINE DE SAINT-AMANT | 80 |
| 67. *J'ai vu toute ma vie* | ROBERT GUIETTE | 80 |
| 68. *La mer s'en va comme ma jeunesse* | MARCEL THIRY | 82 |


## VII. L'EXIL

| | | |
|---|---|---|
| 69. *Heureux qui comme Ulysse* | JOACHIM DU BELLAY | 85 |
| 70. *Adieux à la France* | MARIE STUART | 86 |
| 71. *Les adieux de Marie Stuart à la France* | PIERRE-JEAN DE BÉRANGER | 87 |
| 72. *Retour de l'exilé* | ROGER BODART | 88 |


## VIII. LA GUERRE

| | | |
|---|---|---|
| 73. *La mort de Jeanne d'Arc* | CASIMIR DELAVIGNE | 91 |
| 74. *Souvenir de la Nuit du Quatre* | VICTOR HUGO | 92 |
| 75. *Le dormeur du val* | ARTHUR RIMBAUD | 93 |
| 76. *N'as-tu pas peur...* | MARCEL THIRY | 94 |

## IX. FANTAISIES


77. *Ronde flamande* CHARLES CROS 97
78. *Le roi d'Yvetot* PIERRE-JEAN DE BÉRANGER 98
79. *Rêverie* VICTOR HUGO 100
80. *Fantaisie* GÉRARD DE NERVAL 100
81. *La pipe* CHARLES BAUDELAIRE 101
82. *J'ai cherché trente ans* MAURICE MAETERLINCK 102
83. *Elle l'enchaîna dans une grotte* MAURICE MAETERLINCK 103
84. *La ronde* PAUL FORT 104
85. *Je flotte comme un bouchon* ROBERT GUIETTE 104
86. *La vieille file* GRÉGOIRE LE ROY 106


## X. POEMES D'AMOUR


87. *Rondel* CHRISTINE DE PISAN 109
88. *Virelai* EUSTACHE DESCHAMPS 109
89. *Complainte populaire* ANONYMOUS 110
90. *Sonnet pour Hélène* PIERRE RONSARD 111
91. *Stances à la Marquise* PIERRE CORNEILLE 112
92. *Chanson* GÉRARD DE NERVAL 114
93. *Chanson de Barberine* ALFRED DE MUSSET 115
94. *Soir d'avril* VICTOR HUGO 116
95. *Chanson de Fortunio* ALFRED DE MUSSET 118
96. *L'orgue* CHARLES CROS 118
97. *Chanson* MAURICE MAETERLINCK 120
98. *Le baiser volé* HENRI ALLORGE 121
99. *Le pont Mirabeau* GUILLAUME APOLLINAIRE 122
100. *Nocturne* JEAN MORÉAS 124

NOTES, COMMENTS AND QUESTIONS 125
GLOSSARY 157
INDEX OF AUTHORS 162
INDEX OF TITLES AND FIRST LINES 163
LIST OF ILLUSTRATIONS 170
INDEX OF ARTISTS 171
ACKNOWLEDGEMENTS 172

# *PREFACE*

It is believed that this collection of French verse will be found to be different from most others for the following main reasons:

(*a*) It was chosen by representative groups of young people from over 250 poems submitted to them.
(*b*) The selection was based on an agreed definition of what poetry is. This definition was arrived at after much discussion centred on many poems, and the whole argument is summed up in the Introduction.
(*c*) 'Notes and Comments', printed at the end of the collection, include points from the discussions of each poem studied.
(*d*) The aim of the whole exercise was to demonstrate that the study of poetry should be an active, pleasurable and profitable task and not a passive pastime.
(*e*) The illustrations have been chosen to correspond as far as possible in style and/or period with the poems they accompany, and they also give a representative selection from the masterpieces of French and Flemish art. They too may provide a basis for discussion.

It is hoped that teachers preparing pupils for the various G.C.E. examinations in French will find this anthology especially useful, but there is no intention to limit its use to any particular groups of pupils. Each teacher must naturally use it how and where he finds it can be most effective.

VERNON MALLINSON

*University of Reading*
*January* 1963

# *INTRODUCTION*

## *What is Poetry?*

As long as men have thought and tried to express their feelings there have been poets. Many people have tried to say what poetry is, why it is, and what it is that distinguishes poetry from prose, and there have been many different answers. One French poet, Henri Michaux, calls poetry an 'explosion'—a means whereby he can express the emotions he so strongly feels without being restricted in his method of expression by the day-to-day rules of grammar and syntax that govern prose style. Paul Valéry, on the other hand, considers the poetry he writes as an exercise and says he spins a song solely for the intellectual pleasure it gives him. The English poet, W. H. Auden, calls it simply 'memorable speech', and Francis Jammes (whom you will read in this collection) would agree with him. The French Catholic poet Paul Claudel sees in poetry a means of communication with God. Each poem is a prayer, to use the word in a rather special sense.

Despite the wide variety of answers we are likely to get to our original question, we can agree however, with Richard Church, that 'poetry . . . should in its first purpose be a *communication*, as direct and as simple as possible, while carrying the content of the artist's sincere purpose'.[1] A poem is the result of man's *communication* with himself, of a period of self-exploration which leads him to greater awareness of what he feels about life and living and compels him to *communicate* what he feels as vividly and as accurately as possible to others.

[1] Richard Church: *Over the Bridge* (Heinemann, 1955), p. 227

If the poem is a true statement of what the poet has honestly felt, then it has the power to move a sympathetic reader ('Yes! I have felt that myself but have never been able to put it into words!') and give him pleasure. We should, therefore, guard against assuming that we MUST like every poem we read: the poet cannot communicate with us if we are not ready or not in the mood to feel as he has felt.

The causes of this self-communication on the part of the poet can range from the most trivial—'L'Enterrement d'une fourmi' (Rollinat)—to the most profound reflexions on man and his destiny. Everyone (in theory) is *capable* of writing poetry; what finally distinguishes the good from the bad is the sincerity of the communication and the fidelity and discipline with which it is recorded. What again distinguishes a major from a minor poet is the sustained intensity of this communication and the power the poems he writes still retain to give pleasure to successive generations of readers. Again, to communicate properly the poet must be (*a*) in tune with the age in which he writes, (*b*) capable of manipulating the language of his age to convey exactly what he feels, (*c*) sincere even if he is being whimsical, amusing or just flippant. He is treating a serious subject, the only subject poetry ever deals with—that of man's relationship to man and with God and all created nature.

And what is the traditional formula for all this? The consuming passion of love in all its various aspects:

> Si souvent vais au moustier,
> C'est tout pour voir ma belle
> Fraîche comme rose nouvelle. (page 109)

There it is in the simple, unaffected lyric of Christine de Pisan. It appears in a different guise amid all the turbulence of the dark ages in the poetry of François Villon:

Frères humains, qui après nous vivez
N'ayez les cœurs contre nous endurcis. (page 27)

It appears again in the polished Renaissance verse of Ronsard:

Quand vous serez bien vieille, au soir, à la chandelle,
Assise auprès du feu, dévidant et filant,
Direz chantant mes vers, en vous émerveillant,
Ronsard me célébrait du temps que j'étais belle. (page 111)

It appears in the 'cautionary' tales of La Fontaine:

Entre les pattes d'un Lion
Un Rat sortit de terre, assez à l'étourdie.
Le Roi des animaux, en cette occasion,
Montra ce qu'il était et lui donna la vie. (page 59)

It appears even in the bitter perplexity of a modern poet, Robert Guiette, who finds an anchorage nowhere:

Je flotte comme un bouchon
sur l'histoire du monde
— allez donc trouver
un sens à tout cela! (page 104)

I could go on multiplying these examples, but that, I think, must be left to you.

One last word of warning. It is no use pretending that poetry is not difficult. The poet has usually such profound and important things to say, such a new approach to living and loving to communicate, that what he says and how he says it demand really close attention. No poem can ever give up its full meaning at a first or even a second reading. A like discipline is required of the reader as of the maker of the poem. And when we come to read the poetry of another people, written in a foreign tongue, a much more determined effort is required. Make that effort and the poems in this collection should at one time or another give you real pleasure and enrich your experience of life.

## *Why Poetry?*

I have left to the last the question most easily answered. Since the dawn of history man has possessed the fundamental instinct to create, and a poem is a thing made, his creation. He is also blessed with insatiable curiosity, a desire always to find out more about things, about life and living; and when he has resolved for himself through a process of self-communication a problem that worries him, and finds that something exciting and important has been revealed, then the urge to tell about it becomes overwhelming. He will choose the medium (poetry, prose or song) most suited to the nature of what he has to communicate, and will discipline himself accurately to communicate, in that medium. The poet, the visionary, the seer, suffering and rejoicing with all humanity, will again and again call on the whole of creation to marvel with him: 'O, all ye works of the Lord, bless ye the Lord; praise him and magnify him for ever!'

It is the same now as it was in the days of the Hebrews. The language changes, the idiom changes, the verse form changes, man's ideas about God and the universe change, man's relationships to man change—but the poet still sings the wonder and perplexity of it all.

## *A Note on French Versification*

The difficulties that an Englishman is most likely to meet in an attempt to understand French poetry are mainly concerned with the problems of versification. Naturally, an academic knowledge of the rules of French versification will never be of use to anyone who is 'deaf' to the music of poetry, but some understanding of technical craftsmanship will enormously increase the pleasure to be derived from French poetry by those who will make the effort.

Naturalness and spontaneity are the two qualities which an Englishman has come to look for in his own verse, and there has never been any theory of poetry dogmatically held and proclaimed. French and English verse both sprang from the spontaneous bursts of song of the early troubadours. The English, however, have attempted to continue and develop in this tradition. The French soon became the courtly lyricists of the Renaissance, poets in a highly civilized and often artificial environment, and they have tended to reflect the responses of highly civilized man to this environment.

However, the French language itself is one of the main causes—if not *the* main cause—for all this. In English verse, accent or stress plays an important part, being in fact the basis of its technique. In the French language, stress is far too slight to allow of this treatment. French verse, therefore, does not depend for its effect on a certain number of feet arranged to form a pleasing cadence with the possibility of a wide variety of rhythm. It has a more traditional form based on the number of *syllables* in a line; on the alternation of rhymes, masculine and feminine; on the rule of the 'e' mute; on the use of the caesura; and on the prohibition of *hiatus*. The traditional line used is the twelve-syllabled *alexandrine*. In Classical verse a break (caesura) occurs after the sixth syllable; in Romantic verse this break will often come after every fourth syllable. The traditional Classical line usually had a secondary caesura after each third syllable.

In Old French, *assonance* served the purpose of rhyme, and

many modern poets have reverted to this use of *assonance*. Thus:

Je flotte comme un bouch*on*
sur l'histoire du m*on*de.

When rhyme came to be used, after the twelfth century, there was 'rich' rhyme (with identity of consonantal sound) and ordinary rhyme. Rich rhyme has come to be increasingly used as more and more freedom has been achieved in placing the caesura—or, indeed, dispensing with it entirely. Thus:

Je chante toujours par*mi*
Les morts en Mai mes a*mis*
(Aragon)

There are also *masculine* and *feminine* rhymes, and in traditional French verse (which forms the bulk of this collection) a *feminine* line must be followed either by another *feminine* line rhyming with it or by a new *masculine* rhyme. *Masculine* rhymes are those which do not end with an 'e' mute. *Feminine* rhymes have an 'e' mute following the last accented syllable. Thus:

Nous sommes là, ce soir, paisibles, sous la lampe. (*Feminine*)
Mon père lit, sa main pâle contre sa tempe; (*Feminine*)
Mon frère est accoudé, les yeux ailleurs, auprès (*Masculine*)
De ma mère qui brode avec des doigts distraits (*Masculine*)

The 'e' mute between two consonants in the body of a line is counted as ONE syllable. It is NOT so counted if (*a*) the next word begins with a vowel or a mute 'h', or (*b*) it is at the end of a line. Thus:

Le/mur/est/gris// la/tuil/e est/rouss(e)
L'hi/ver/a/ron/gé/le/ci/ment
Des/pier/r*e*s/dis/join/t*e*s/la/mouss(e)
Ver/dit/l'hu/mi/d*e*/fon/d*e*/ment

The word *hiatus* denotes an unpleasant clash of two vowel sounds and is commonly avoided in prose wherever possible as well as in poetry—for example in the use of 'si *l'*on' for 'si on'. In traditional verse *hiatus* is never permitted. Modern poets, however, ignore the rule, provided usually that the effect of non-observance is not displeasing.

Modern poets from the Symbolists onwards have repeatedly taken liberties with the traditional verse forms. Paul Verlaine was the inventor of a form known as *vers libéré*. This form consists of varying the number of syllables from line to line according to a definite pattern which is maintained throughout the poem. Examine any one of Verlaine's poems in this anthology and you will see this properly illustrated. Hiatus is, of course, permissible, and the caesura, having no longer any fixed place, may disappear altogether. Rhyme tends henceforward to be for the *ear alone* and not primarily for the eye. There is, therefore, little distinction between masculine and feminine endings.

Finally, the *vers libre*, much favoured by Surrealist poets, does not consider rhyme an essential element, though rhyme is usually woven into the verses, and internal rhyming is quite common. Where there is no rhyme at all, *assonance* is used. There is, however, a definite rhythm, and each line of verse tends to form a thought unit, more or less complete in itself. This *vers libre* is obviously capable of infinite variety. Its danger is that, because of the apparent absence of discipline required, it tempts the would-be poet. The genuine poet, on the other hand, finds it a supple instrument in his hands and by its use he can develop for himself an intensely personal style. You will find overleaf a typical poem—not a great poem—written in *vers libres* and illustrating most of what I have just said.

*Salons Littéraires*

Dieu! Qu'il fait triste!
Pourtant
Le lilas est en fleurs
Et dans ces serres cérébrales
Les couples bavardent de choses et d'autres.

Le lilas est en fleurs
Mais peu m'importe!

La guerre est loin d'ici.
Dans une serre la force brutale
N'a plus de raison d'être.
Ça sent le sang!
Et si les lilas ici ne sentent rien
Que fumée et parfums de dames
C'est bon!
Ces serres cérébrales, voyons,
Ont plus de raison d'être.

Pourtant...
Criards, grinçant des dents,
Les chars blindés s'en vont
Et les blessés
Reviennent!

Pour eux aussi le lilas est en fleurs
Et sans parfum.
Ainsi
Une serre cérébrale
Egale
Tout.

Dieu! Qu'il fait triste!

If you think any of the writers of *vers libres* easy, then try yourself to imitate their mode of expression. Try, anyway! As with those who would imitate Picasso in painting, it is a chastening and salutary experience.

# *I*

# *A LA MAISON*

## 1. *O la splendeur de notre joie*

O la splendeur de notre joie
Tissée en or dans l'air de soie!

Voici la maison douce et son pignon léger,
Et le jardin et le verger.

Voici le banc, sous les pommiers
D'où s'effeuille le printemps blanc,
A pétales frôlants et lents.

Voici des vols de lumineux ramiers
Planant, ainsi que des présages,
Dans le ciel clair du paysage.

Voici, pareils à des baisers tombés sur terre
De la bouche du frêle azur,
Deux bleus étangs simples et purs,
Bordés naïvement de fleurs involontaires.

O la splendeur de notre joie et de nous-mêmes,
En ce jardin où nous vivons de nos emblèmes.

ÉMILE VERHAEREN

*Gemeente Musea, Amsterda*

I. JEAN COROT (1796–1875): *Landscape*

## 2. *La maison abandonnée*

Le mur est gris, la tuile est rousse,
L'hiver a rongé le ciment;
Des pierres disjointes la mousse
Verdit l'humide fondement;
Les gouttières, que rien n'essuie,
Laissent, en rigoles de suie,
S'égoutter le ciel pluvieux,
Traçant sur la vide demeure
Ces noirs sillons par où l'on pleure,
Que les veuves ont sous les yeux.

La porte où file l'araignée,
Qui n'entend plus le doux accueil
Reste immobile et dédaignée
Et ne tourne plus sur son seuil;
Les volets que le moineau souille,
Détachés de leurs gonds de rouille,
Battent nuit et jour le granit;
Les vitraux brisés par les grêles
Livrent aux vieilles hirondelles
Un libre passage à leur nid.

Leur gazouillement sur les dalles
Couvertes de duvets flottants
Est la seule voix de ces salles
Pleines des silences du temps.
De la solitaire demeure
Une ombre lourde d'heure en heure

Se détache sur le gazon:
Et cette ombre, couchée et morte,
Est la seule chose qui sorte
Tout le jour de cette maison!

ALPHONSE DE LAMARTINE

## 3. *Jean sans terre*

Jean sans terre
revient chercher
la dernière pierre
de son foyer
Revient chercher
la trace des larmes
le lieu des rires
Revient en vain

ROBERT GUIETTE

## 4. *Souvenirs*

Je me souviens de la bonne saison;
Des parlottes, l'été, au seuil de la maison
Et du jardin plein de lumière,
Avec des fleurs, devant, et des étangs, derrière;
Je me souviens des plus hauts peupliers,
De la volière et de la vigne en espalier
Et des oiseaux, pareils à des flammes solaires.

Je me souviens de l'usine voisine
— Tonnerres et météores
Roulant et ruisselant
De haut en bas, entre ses murs sonores —
Je me souviens des mille bruits brandis,
Des émeutes de vapeur blanche
Qu'on déchaînait, le Samedi,
Pour le chômage du Dimanche.

Je me souviens des pas sur le trottoir,
En automne, le soir,
Quand, les volets fermés, on écoutait la rue
Mourir.
La lampe à flamme crue
Brûlait et l'on disait le chapelet
Et des prières à n'en plus finir!

Je me souviens du passeur d'eau et du maçon,
De la cloche dont j'ai gardé mémoire entière,
Et dont j'entends encore le son;
Je me souviens du cimetière...

Mes simples vieux parents, ma bonne tante!
— Oh! les herbes de leur tombeau
Que je voudrais mordre et manger! —
C'était si doux la vie en abrégé!
C'était si jeune et beau
La vie avec sa joie et son attente!

ÉMILE VERHAEREN

## 5. *Dimanche*

A présent c'est encor Dimanche,
Et le soleil, et le matin,
Et les oiseaux dans les jardins,
A présent c'est encor Dimanche.

Et les enfants en robes blanches,
Et les villes dans les lointains,
Et, sous les arbres des chemins,
Flandre et la mer entre les branches.

Or, c'est le jour de tous les anges;
Michel avec ses hirondelles
Et Gabriel tout à ses ailes,
Or, c'est le jour de tous les anges.

Puis, sur terre, les gens heureux,
Les gens de mon pays, tous ceux
Allés par un, allés par deux,
Rire à la vie aux lointains bleus.

A présent c'est encor Dimanche
— Meuniers dormant à leurs moulins —
A présent c'est encor Dimanche,
Et ma chanson, lors à sa fin.

MAX ELSKAMP

## *6. La salle à manger*

Il y a une armoire à peine luisante
qui a entendu les voix de mes grand'tantes,
qui a entendu la voix de mon grand-père,
qui a entendu la voix de mon père.
A ces souvenirs l'armoire est fidèle.
On a tort de croire qu'elle ne sait que se taire,
car je cause avec elle.

Il y a aussi un coucou en bois.
Je ne sais pourquoi il n'a plus de voix.
Je ne veux pas le lui demander.
Peut-être bien qu'elle est cassée,
la voix qui était dans son ressort,
tout bonnement comme celle des morts.

Il y a aussi un vieux buffet
qui sent la cire, la confiture,
la viande, le pain et les poires mûres.
C'est un serviteur fidèle qui sait
qu'il ne doit rien nous voler.

Il est venu chez moi bien des hommes et des femmes
qui n'ont pas cru à ces petites âmes.
Et je souris que l'on me pense seul vivant
quand un visiteur me dit en entrant:
— Comment allez-vous, monsieur Jammes?

FRANCIS JAMMES

*Musée National d'Art Moderne, Pa[r]*

2. EDOUARD VUILLARD (1868–1940): *Le Déjeuner du Matin*

## *7. Le buffet*

C'est un large buffet sculpté: le chêne sombre,
Très vieux, a pris cet air si bon des vieilles gens,
Ce buffet est ouvert et verse dans son ombre,
Comme un flot de vin vieux, des parfums engageants.

Tout plein: c'est un fouillis de vieilles vieilleries,
De linges odorants et jaunes, de chiffons
De femmes et d'enfants, de dentelles flétries,
De fichus de grand'mère où sont peints des griffons.

C'est là qu'on trouverait les médaillons, les mèches
De cheveux blancs ou blonds, les portraits, les fleurs sèches
Dont le parfum se mêle à des parfums de fruits.

O buffet du vieux temps, tu sais bien des histoires!
Et tu voudrais conter tes contes, et tu bruis
Quand s'ouvrent lentement tes grandes portes noires.

ARTHUR RIMBAUD

## *8. Un soir*

Nous sommes là, ce soir, paisibles, sous la lampe.
Mon père lit, sa main pâle contre sa tempe;
Mon frère est accoudé, les yeux ailleurs, auprès
De ma mère qui brode avec des doigts distraits
Où luit le reflet lent du foyer sur ses bagues;
Parfois le chien, perdu dans ses beaux songes vagues,
Etire de paresse et d'aise son flanc creux;
Et je rêve, parmi le grand silence, heureux.
Nous sommes là, ce soir d'hiver, humble famille,
Ecoutant à l'horloge indécise qui brille
Dans l'ombre, palpiter les instants fugitifs,
Groupés devant le feu, comme des primitifs.

FERNAND GREGH

(*Les Clartés Humaines:* )

## *9. Les pauvres gens*

Il est nuit. La cabane est pauvre mais bien close.
Le logis est plein d'ombre, et l'on sent quelque chose
Qui rayonne à travers ce crépuscule obscur.
Des filets de pêcheur sont accrochés au mur.
Au fond, dans l'encoignure, où quelque humble vaisselle
Aux planches d'un bahut vaguement étincelle,
On distingue un grand lit aux grands rideaux tombants.
Tout près, un matelas s'étend sur de vieux bancs,
Et cinq petits enfants, nid d'âmes, y sommeillent.
La haute cheminée, où quelques flammes veillent,

3. JEAN-FRANÇOIS MILLET (1814–75): *La Becquée*

Rougit le plafond sombre, et, le front sur le lit,
Une femme à genoux prie, et songe et pâlit.
C'est la mère. Elle est seule. Et dehors, blanc d'écume,
Au ciel, aux vents, aux rocs, à la nuit, à la brume,
Le sinistre océan jette son noir sanglot.

VICTOR HUGO

## 10. *Dansez!*

Dansez, les petites filles,
  Toutes en rond.
En vous voyant si gentilles
  Les bois riront . . .

Dansez, les petites belles,
  Toutes en rond.
Les oiseaux avec leurs ailes
  Applaudiront.

Dansez, les petites fées,
  Toutes en rond,
Dansez, de bluets coiffées,
  L'aurore au front.

VICTOR HUGO

## *11. Lorsque l'enfant paraît*

Lorsque l'enfant paraît, le cercle de famille
  Applaudit à grands cris. Son regard doux qui brille
    Fait briller tous les yeux,
Et les plus tristes fronts, les plus souillés peut-être,
Se dérident soudain à voir l'enfant paraître,
    Innocent et joyeux . . .

Il est si beau, l'enfant, avec son doux sourire,
Sa douce bonne foi, sa voix qui veut tout dire,
    Ses pleurs vite apaisés,
Laissant errer sa vue étonnée et ravie,
Offrant de toutes parts sa jeune âme à la vie
    Et sa bouche aux baisers!

Seigneur! préservez-moi, préservez ceux que j'aime,
Frères, parents, amis, et mes ennemis même
    Dans le mal triomphants,
De jamais voir, Seigneur, l'été sans fleurs vermeilles,
La cage sans oiseaux, la ruche sans abeilles,
    La maison sans enfants!

VICTOR HUGO

## *12. Le bonheur de ce monde*

Avoir une maison commode, propre et belle,
Un jardin tapissé d'espaliers odorants,
Des fruits, d'excellent vin, peu de train, peu d'enfants,
Posséder seul sans bruit une femme fidèle;

N'avoir dettes, amour, ni procès, ni querelle,
Ni de partage à faire avec ses parents,
Se contenter de peu, n'espérer rien des grands,
Régler tous ses desseins sur un juste modèle;

Vivre avec franchise et sans ambition,
S'adonner sans scrupule à la dévotion,
Dompter ses passions, les rendre obéissantes,

Conserver l'esprit libre, et le jugement fort,
Dire son chapelet en cultivant ses entes,
C'est attendre chez soi bien doucement la mort.

CHRISTOPHE PLANTIN

4. *Plantin's printer's device*

# II

# *LA FOI CHRETIENNE*

## *13. Noël Lyonnais*

Jésus Christ s'habille en pauvre:
'Faites-moi la charité;
Des miettes de votre table
Je ferais bien mon souper.'

'Les miettes de notre table
Mes chiens les mangeront bien.
Ils me rapportent des lièvres
Toi, tu ne m'apportes rien.'

'Belle dame à la fenêtre,
Faites-moi la charité.'
'Ah! montez, montez, pauvre homme,
Avec moi vous souperez.'

Quand ils quittèrent la table
Il demande à se coucher.
'Ah! montez, montez, pauvre homme,
Un lit frais vous trouverez.'

Or comme ils montaient les marches,
Trois anges les éclairaient.
'Ah! n'ayez pas peur, Madame,
C'est la lune qui paraît.

Dans trois jours vous serez morte,
En Paradis vous irez.
Mais votre mari, Madame,
En Enfer ira brûler.'

ANONYMOUS

*Courtauld Institute of Art, Lon*

5. ALFRED SISLEY (1840–99): *Snow at Louveciennes*

## 14. *Noël*

Le ciel est noir, la terre est blanche;
Cloches, carillonnez gaîment!
Jésus est né; la Vierge penche
Sur lui son visage charmant.

Pas de courtines festonnées
Pour préserver l'enfant du froid;
Rien que les toiles d'araignées
Qui pendent des poutres du toit.

Il tremble sur la paille fraîche,
Ce cher petit enfant Jésus,
Et pour l'échauffer dans sa crèche
L'âne et le bœuf soufflent dessus.

La neige au chaume pend ses franges,
Mais sur le toit s'ouvre le Ciel,
Et, tout en blanc, le chœur des anges
Chante aux bergers: 'Noël! Noël!'

THÉOPHILE GAUTIER

## 15. *Pendant la tempête*

La barque est petite et la mer immense,
La vague nous jette au ciel en courroux,
Le ciel nous renvoie au flot en démence:
Près du mât rompu prions à genoux!

De nous à la tombe il n'est qu'une planche:
Peut-être ce soir, dans un lit amer,
Sous un froid linceul, fait d'écume blanche,
Irons-nous dormir, veillés par l'éclair!

Fleur du paradis, sainte Notre-Dame,
Si bonne aux marins en péril de mort,
Apaise le vent, fais taire la lame,
Et pousse du doigt notre esquif au port.

Nous te donnerons, si tu nous délivres,
Une belle robe en papier d'argent,
Un cierge à festons pesant quatre livres,
Et, pour ton Jésus, un petit Saint-Jean.

THÉOPHILE GAUTIER

## *16. Plainte d'un chrétien*

Mon Dieu, quelle guerre cruelle!
Je trouve deux hommes en moi.
L'un veut que plein d'amour pour toi
Mon cœur te soit toujours fidèle;
L'autre à tes volontés rebelle
Me révolte contre ta loi.

L'un tout esprit, et tout céleste
Veut qu'au Ciel sans cesse attaché
Et des biens éternels touché,
Je compte pour rien tout le reste.
Et l'autre par son poids funeste
Me tient vers la Terre penché.

Hélas! en guerre avec moi-même,
Où pourrai-je trouver la paix?
Je veux et n'accomplis jamais.
Je veux. Mais, ô misère extrême!
Je ne fais pas le bien que j'aime,
Et je fais le mal que je hais.

O Grâce, ô rayon salutaire,
Viens me mettre avec moi d'accord:
Et domptant par un doux effort
Cet homme qui t'est si contraire,
Fais ton esclave volontaire
De cet esclave de la mort.

JEAN RACINE

## 17. *Veni, Vidi, Vixi*

J'ai fait ce que j'ai pu; j'ai servi, j'ai veillé,
Et j'ai vu bien souvent qu'on riait de ma peine.
Je me suis étonné d'être un objet de haine,
Ayant beaucoup souffert et beaucoup travaillé . . .

Je ne daigne plus même, en ma sombre paresse,
Répondre à l'envieux dont la bouche me nuit:
O Seigneur! ouvrez-moi les portes de la nuit,
Afin que je m'en aille et que je disparaisse!

VICTOR HUGO

## 18. *Ecrit au bas d'un crucifix*

Vous qui pleurez, venez à ce Dieu, car il pleure.
Vous qui souffrez, venez à lui, car il guérit.
Vous qui tremblez, venez à lui, car il sourit.
Vous qui passez, venez à lui, car il demeure.

VICTOR HUGO

## 19. *Simplicité*

La machine qui répète
Le mouvement sans broncher
Est aussi simple que l'enfant
Qui répète sa prière.

*Mr and Mrs René Withofs, Bru*

6. GEORGES ROUAULT (1871–1958): *Christ Crucified*

Faites, mon Dieu, que le fil
Ne s'échappe de l'aiguille.
Faites, mon Dieu, que ma main
Ne lâche ce qu'elle tient.

FRANZ HELLENS

## 20. *Deo ignoto*

Ce chasseur où qu'il s'en aille
Ne sait plus ce qu'il croit,
Quand un cerf sort des broussailles
Porteur de la Croix.

La meute se tut soudain;
Les arbres se turent:
Il portait dans ses ramures
L'éternel matin.

On fit là une chapelle;
Elle y est encor.
Et le cerf, les gens l'appellent
En sonnant du cor.

— Les bonnes gens, laissez là
Cette pauvre chasse:
Dieu ne vient jamais deux fois
A la même place.

ROGER BODART

## *21. Rentrée des moines*

Brusques, sonnent au loin des tintements de cloche,
Qui cassent du silence à coups de battant clair
Par-dessus les hameaux, jetant à travers l'air
Un long appel, qui long, parmi l'écho, ricoche.

Ils redisent que c'est le moment justicier
Où les moines s'en vont au chœur chanter Ténèbres
Et promener sur leurs consciences funèbres
La froide cruauté de leurs regards d'acier.

Et les voici priant: tous ceux dont la journée
S'est consumée au long hersage en pleins terraux,
Ceux dont l'esprit sur les textes préceptoraux
S'épand, comme un reflet de lumière inclinée,

Ceux dont la solitude âpre et pâle a rendu
L'âme voyante et dont la peau blême et collante
Jette vers Dieu la voix de sa maigreur sanglante,
Ceux dont les tourments noirs ont fait le corps tordu.

Et les moines qui sont rentrés aux monastères,
Après visite faite aux malheureux des bourgs,
Aux remueurs cassés de sols et de labours,
Aux gueux chrétiens qui vont mourir, aux grabataires,

A leurs frères pieux disent, à lente voix,
Qu'au dehors, quelque part, dans un coin de bruyère,
Il est un moribond qui s'en va sans prière
Et qu'il faut supplier, au choeur, le Christ en croix,

Pour qu'il soit pitoyable aux mendiants avides
Qui, le ventre troué de faim, ne peuvent plus
Se béquiller au loin vers les enclos feuillus
Et qui se noient, la nuit, dans les étangs livides.

Et tous alors, tous les moines, très lentement,
Envoient vers Dieu le chant des lentes litanies;
Et les anges qui sont gardiens des agonies
Ferment les yeux des morts, silencieusement.

ÉMILE VERHAEREN

*hersage*—harrowing; *en pleins terraux*—before strong land wind; *grabataire*—bed-ridden person

## 22. *L'Epitaphe*

### *en forme de ballade que feit Villon pour lui et ses compagnons s'attendant estre pendu avec eulx*

Frères humains, qui après nous vivez
N'ayez les cœurs contre nous endurcis.
Car, si pitié de nous pauvres avez,
Dieu en aura plus tôt de vous merci.
Vous nous voyez ci attachés cinq, six:
Quant à la chair, que trop avons nourrie,
Elle est pieçà dévorée et pourrie,
Et nous, les os, devenons cendre et poudre.
De notre mal personne ne s'en rie
Mais priez Dieu que tous nous veuille absoudre.

Si vous clamons frères, pas n'en devez
Avoir dédain, quoique fûmes occis
Par Justice. Toutesfois, vous savez
Que tous hommes n'ont pas bon sens assis:
Excusez-nous, puisque sommes transsis,
Envers le fils de la Vierge Marie,
Que sa grâce ne soit pour nous tarie,
Nous préservant de l'infernale foudre.
Nous sommes morts, âme ne nous harie,
Mais priez Dieu que tous nous veuille absoudre.

La pluie nous a débués et lavés,
Et le soleil desséchés et noircis;
Pies, corbeaux nous ont les yeux cavés
Et arraché la barbe et les sourcils.
Jamais nul temps nous ne sommes assis;
Puis çà, puis là, comme le vent varie
A son plaisir sans cesse nous charie,
Plus bequetés d'oiseaux que dés à coudre.
Ne soyez donc de notre confrérie,
Mais priez Dieu que tous nous veuille absoudre.

ENVOI

Prince Jésus, qui sur tout as maîtrie,
Garde qu'Enfer n'ait de nous seigneurie,
A lui n'ayons que faire ni que soudre
Hommes, ici n'a point de moquerie,
Mais priez Dieu que tous nous veuille absoudre.

FRANÇOIS VILLON

*pieçà*—long since; *si vous clamons frères*—if we call you brothers; *occis*—killed; *transsis*—dead; *âme ne nous harie*—let no man harry us; *bué*—steamed; *soudre*—to pay

# *III*

# *LES SAISONS*

7. *Les Tres Riches Heures du duc de Berry: Cavalcade du 1er mai (déta*

*Musée Condé, Chantilly; Photo Giraud*

## *23. Rondel du printemps*

Le temps a laissé son manteau
De vent, de froidure et de pluie,
Et s'est vêtu de broderie
De soleil luisant, clair et beau.

Il n'y a bête ni oiseau
Qu'en son jargon ne chante ou crie:
Le temps a laissé son manteau
De vent, de froidure et de pluie.

Rivière, fontaine et ruisseau
Portent en livrée jolie
Gouttes d'argent, d'orfévrerie
Chacun s'habille de nouveau.
Le temps a laissé son manteau.

CHARLES D'ORLÉANS

*orfévrerie*—jewellery

## *24. Printemps*

Je ne sais ce que veut mon cœur.
Tous les arbres sont blancs ou roses;
Une abeille est dans chaque fleur;
Je voudrais chanter toutes choses.

Je ne trouve que d'anciens mots
Sur des airs plus anciens encore;
Car d'amour les biens et les maux
Sont vieux comme l'aube et l'aurore.

Printemps, je me tais! Sois vainqueur
Avec tes oiseaux et tes roses.
Je ne sais ce que veut mon cœur;
Tous les arbres sont blancs ou roses.

STUART MERRILL



## *25. Pâques*

Au bord du toit, près des lucarnes,
On a repeint les pigeonniers,
Et les couleurs vives vacarment
Depuis les seuils jusqu'aux greniers.

Et c'est le vert, le brun, le rouge,
Sur les pignons, au bord de l'eau,
Et tout cela se mire et bouge
Dans la Lys, la Durme ou l'Escaut.

On bouleverse les cuisines:
Des mains rudes, de larges bras,
Frottent les antiques bassines
L'écuelle usée et le pot gras.

Sur les linges, les draps, les taies,
Qu'on sèche à l'air vierge et vermeil,
Pleuvent, partout, le long des haies,
Les ors mobiles du soleil.

Là-bas, au fond des cours, s'allument
Faux et râteaux, coutres et socs;
Comme de hauts bouquets de plumes
Sur les fumiers luisent les coqs.

Pâques descend sur le village:
Tout est lavé, même l'égout;
Et l'on suspend l'oiseau en cage,
Près de la porte, à l'ancien clou.

ÉMILE VERHAEREN

## *26. Achetez mes belles violettes*

Adieu, mars! Déjà l'on peut voir
Le soleil dorer le trottoir:
Avril sourit dans les toilettes,
Et sur le devant des cafés
Les messieurs fument, décoiffés.
Achetez mes belles violettes!

Le pierrot flâneur et bavard
Dit que le long du boulevard
Les arbres ne sont plus squelettes.
La feuille pousse, je l'entends.
La poussière sent le printemps.
Achetez mes belles violettes!

Les amoureux cherchent un nid.
Les femmes, boursicot garni,
Vont aux printanières emplettes.
Tout le monde sans y penser
A bien deux sous à dépenser.
Achetez mes belles violettes!

Fleurissez-vous, les beaux messieurs!
Mes bouquets sont couleur des cieux.
Mesdames, levez vos voilettes.
Fleurez-moi ça comme c'est doux!
Fleurez-moi ça, fleurissez-vous.
Achetez mes belles violettes!

JEAN RICHEPIN

## 27. *La pluie d'été*

Ma sœur la Pluie,
La belle et tiède pluie d'été,
Doucement vole, doucement fuit,
A travers les airs mouillés.

Tout son collier de blanches perles
Dans le ciel bleu s'est délié.
Chantez les merles,
Dansez les pies!
Parmi les branches qu'elle plie,
Dansez les fleurs, chantez les nids;
Tout ce qui vient du ciel est béni.

De ma bouche elle approche
Ses lèvres humides de fraises des bois;
Rit, et me touche,
Partout à la fois,
De ses milliers de petits doigts.

Sur des tapis de fleurs sonores,
De l'aurore jusqu'au soir,
Et du soir jusqu'à l'aurore,
Elle pleut et pleut encore,
Autant qu'elle peut pleuvoir.

Puis, vient le soleil qui essuie,
De ses cheveux d'or,
Les pieds de la Pluie.

CHARLES VAN LERBERGHE

## *28. Il pleut*

Il pleut,
Les vitres tintent.

Le vent de mai fait dans le parc un bruit d'automne.
Une porte, en battant sans fin, grince une plainte
Mineure et monotone.
Il pleut...

On dirait par moments qu'un million d'épingles
Se heurte aux vitres et les cingle.
Il pleut,
Les vitres tintent.

Le ciel cache un à un ses coins épars de bleu
Sous de rapides nuées grises.
Il pleut:
— La vie est triste!

N'importe!
Souffle le vent, batte la porte,
Tombe la pluie!
N'importe!

J'ai dans mes yeux une clarté qui m'éblouit;
J'ai dans ma vie un grand espace bleu;
J'ai dans mon cœur un jardin vert, ombre des palmes
Que balancent en plein azur les brises calmes:
Je songe à elle.

Il pleut...
La vie est belle!

FERNAND GRECH





PIERRE AUGUSTE RENOIR (1841–1919): *Les Parapluies*
*tional Gallery, London: Lane Bequest*

## *29. Le verger*

Simone, allons au verger
Avec un panier d'osier.
Nous dirons à nos pommiers,
En entrant dans le verger:
Voici la saison des pommes,
Allons au verger, Simone,
Allons au verger.

Les pommiers sont pleins de guêpes,
Car les pommes sont très mûres:
Il se fait un grand murmure
Autour du vieux doux-aux-vêpes.
Les pommiers sont pleins de pommes,
Allons au verger, Simone,
Allons au verger.

Nous cueillerons la calville,
Le pigeonnet et la reinette,
Et aussi des pommes à cidre
Dont la chair est un peu doucette.
Voici la saison des pommes,
Allons au verger, Simone,
Allons au verger.

RÉMY DE GOURMONT

*doux-aux-vêpes*—a cider-apple tree; *calville, pigeonnet, reinette*—varieties of apples



9. CLAUDE MONET (1840–1926): *Londres, le Parlen*
*Musée du Louvre, P*

## *30. Automne*

Dans le brouillard s'en vont un paysan cagneux
Et son bœuf lentement dans le brouillard d'automne
Qui cache les hameaux pauvres et vergogneux

Et s'en allant là-bas le paysan chantonne
Une chanson d'amour et d'infidélité
Qui parle d'une bague et d'un cœur que l'on brise
Oh! l'automne l'automne a fait mourir l'été
Dans le brouillard s'en vont deux silhouettes grises

GUILLAUME APOLLINAIRE

## *31. Chanson d'automne*

Les sanglots longs
Des violons
  De l'automne
Blessent mon cœur
D'une langueur
  Monotone.

Tout suffocant
Et blême, quand
  Sonne l'heure,
Je me souviens
Des jours anciens
  Et je pleure;

Et je m'en vais
Au vent mauvais
  Qui m'emporte
Deça, delà
Pareil à la
  Feuille morte.

PAUL VERLAINE

## *32. La Neige*

Qu'il est doux, qu'il est doux d'écouter des histoires,
Des histoires du temps passé,
Quand les branches d'arbre sont noires,
Quand la neige est épaisse et charge un sol glacé!
Quand seul, dans un ciel pâle, un peuplier s'élance,
Quand, sous le manteau blanc qui vient de le cacher,
L'immobile corbeau sur l'arbre se balance,
Comme la girouette au bout du long clocher.

ALFRED DE VIGNY

## *33. Paysage de neige*

Extrêmement blanche, la neige
Couvre une plaine
Du département de l'Ardèche;

Extrêmement noirs, onze corbeaux,
Sur les branches blanches d'un ormeau,
Echangent leurs impressions, et font des mots,
En s'entretenant de choses et d'autres:

Leurs affaires ne sont pas les nôtres.

Paraissent, au détour du sentier,
Huit enfants, qui ont le nez,
Et les pieds,
Gelés:

Il est d'ailleurs facile de reconnaître à leur voix
Qu'ils sont savoyards.

Il y a aussi un grand loup.

Au bout d'un certain temps les corbeaux s'envolent,
Les enfants se dirigent du côté de l'école,
Le loup crève, la neige fond,

Et puis, qu'est-ce que ça peut bien vous faire, au fond?

MAURICE FRANC-NOHAIN



## *34. Rondel*

Hiver, vous n'êtes qu'un vilain,
Eté est plaisant et gentil,
En témoin de Mai et d'Avril
Qui l'accompagnent soir et main.

Eté revêt champs, bois et fleurs,
De sa livrée de verdure
Et de maintes autres couleurs,
Par l'ordonnance de Nature.

Mais vous, Hiver, trop êtes plein
De neige, vent, pluie et grêle;
On vous doit bannir en exil.
Sans point flatter, je parle plain,
Hiver, (vous n'êtes qu'un vilain!)

CHARLES D'ORLÉANS

*maintes* —many

# *IV*

# *A LA CAMPAGNE*

# 35. *Le village*

Le village est au fond de la vallée. En haut
De la route qui tourne au penchant du coteau
On l'aperçoit qui rêve au milieu des prairies,
Et regarde courir dans ses rives fleuries
La rivière d'argent qu'enjambe le vieux pont.
Voici la ferme, un puits, l'église... Des pigeons
Traversent brusquement le ciel et, de leurs ailes,
Jettent sur les toits d'or l'ombre volante et frêle.
Silence. Calme. Quiétude. — On n'entend rien
Que des branches, où passe un souffle aérien.

EMILE HENRIOT



10. CAMILLE PISSARRO (1830–1903): *Path at Pontoise*
*Mr and Mrs Hugo Dixon, Memphis, Tennessee*

## *36. Le village à midi*

Le village à midi. La mouche d'or bourdonne
entre les cornes des bœufs.
Nous irons, si tu le veux,
si tu le veux, dans la campagne monotone.

Entends le coq... Entends la cloche... Entends le paon...
Entends là-bas, là-bas, l'âne...
L'hirondelle noire plane.
Les peupliers au loin s'en vont comme un ruban.

Le puits rongé de mousse! Ecoute sa poulie
qui grince, qui grince encor,
car la fille aux cheveux d'or
tient le vieux seau tout noir d'où l'argent tombe en pluie.

La fillette s'en va d'un pas qui fait pencher
sur sa tête d'or la cruche,
sa tête comme une ruche,
qui se mêle au soleil sous les fleurs du pêcher.

Et dans le bourg voici que les toits noircis lancent
au ciel bleu des flocons bleus;
et les arbres paresseux
à l'horizon qui vibre à peine se balancent.

FRANCIS JAMMES

## *37. Le Mardi gras au village*

Et chaque fois que l'almanach
Ramène en Flandre
Et jour des Cendres
Et Mardi gras,
Les solennels boulangers sonnent,
A coups de trompe au petit jour,
Que leurs pains blancs, fourrés et lourds,
Cuisent au four,
Pour le bonheur et les amours
Des petites et grandes personnes.

Et les pâtes superbement se lèvent
Et les boudins jutent de sève,
Et la rôdeuse odeur de leur cuisson
Courant de bouge en ferme et de ferme en maison
La prétentaine,
Fait se pâmer, à l'unisson,
Les nez, les cœurs et les bedaines.

Venant des champs et des bruyères,
Les servantes et les commères,
Paniers au bras,
Déjà sont là
Pour emporter, en s'y chauffant les mains,
Les pains ardents, les pains
Joyeux, luisants, transfigurés,
Les pains pareils à des sabots dorés.

Jour de fête, jour de bien-être!
On regarde, par les fenêtres,
Hommes, femmes, enfants et vieux
Couper les pains par le milieu
Et tout à coup, crever le boudin formidable.
Lards et graisses poissent la table.
Du lait crémeux, du café chaud
Emplit jusques au bord les pots,
Et dans un coin les chiens grognent et se querellent
Autour des croûtes et des peaux
Qu'on leur jette au hasard en de larges écuelles...

ÉMILE VERHAEREN

(*Toute la Flandre:* © *Mercure de France*)

*courant... la prétentaine*—gadding about; *bouge*—hovel

## *38. La ferme*

A voir la ferme au loin monter avec ses toits,
Avec ses colombiers et ses meules en dômes
Et ses greniers coiffés de tuiles et de chaumes,
Avec ses murs carrés, avec ses pignons droits,

A voir la ferme au loin monter dans les verdures,
Reluire et s'étaler dans la splendeur des mais,
Quand l'été la chauffait de ses feux rallumés
Et que le vent chantait dans les jeunes ramures;

*Kunsthistorisches Museum, Vienna*

II. PIETER BRUEGHEL (1529–69): *Peasant Dance*

Si grande semblait-elle, avec ses rangs de fours,
Ses granges, ses hangars, ses étables, ses cours,
Ses poternes de vieux clous noirs bariolées,

Son verger luisant d'herbe et grand comme un chantier,
Sa masse se carrant, au bout de trois allées,
Qu'on eût dit un hameau tassé là, tout entier.

ÉMILE VERHAEREN

## *39. Le rideau*

Temps superbe:
Un coq a chanté;
Le matin rit dans la rosée;
La pie est dans l'herbe
Et l'escargot sur une branche d'églantier;
Le soleil écarte le rideau lourd
Du brouillard sur le paysage;
Une jeune femme montre son visage
En écartant le rideau fin de sa croisée
Et mon cœur alors s'éclaire à son tour.

TRISTAN KLINGSOR

## *40. Les greniers*

Sous le manteau des toits s'étalaient les greniers,
Larges, profonds, avec de géantes lignées
De traverses en croix et de lourds madriers,
D'où pendaient à des fils un peuple d'araignées.

Les récoltes d'été s'y trouvaient alignées;
Le seigle et le froment par sacs et par paniers;
Et les orges et les avoines rencognées
Pesaient sur les planchers en monceaux réguliers.

Un silence profond et lourd, telle une mare,
S'étendait sur les grains que coupait de sa barre
Faite de pourpre et d'or le soleil de juillet.

Les petites souris toutes se tenaient coites,
Les museaux enfoncés dans leurs niches étroites,
Tandis que sur un van le grand chat blanc veillait.

ÉMILE VERHAEREN



12. VINCENT VAN GOGH (1853–90): *Thatched Roofs*
*The Tate Gallery, London*

## *41. Le moulin*

Le moulin tourne au fond du soir, très lentement,
Sur un ciel de tristesse et de mélancolie;
Il tourne et tourne, et sa voile couleur de lie
Est triste et faible et lourde et lasse, infiniment.

Depuis l'aube, ses bras, comme des bras de plainte,
Se sont tendus et sont tombés; et les voici
Qui retombent encor, là-bas, dans l'air noirci
Et le silence entier de la nature éteinte.

Un jour souffrant d'hiver sur les hameaux s'endort,
Les nuages sont las de leurs voyages sombres,
Et le long des taillis qui ramassent leurs ombres,
Les ornières s'en vont vers un horizon mort.

Autour d'un vieil étang, quelques huttes de hêtre
Très misérablement sont assises en rond;
Une lampe de cuivre éclaire leur plafond
Et glisse une lueur aux coins de leur fenêtre.

Et dans la plaine immense, au bord du flot dormeur,
Ces torpides maisons, sous le ciel bas, regardent,
Avec les yeux fendus de leurs vitres hagardes,
Le vieux moulin qui tourne et, las, qui tourne et meurt.

ÉMILE VERHAEREN

## *42. Saison des semailles*

C'est le moment crépusculaire.
J'admire, assis sous un portail,
Ce reste de jour dont s'éclaire
La dernière heure du travail.

Dans les terres, de nuit baignées,
Je contemple, ému, les haillons
D'un vieillard qui jette à poignées
La moisson future aux sillons.

Sa haute silhouette noire
Domine les profonds labours.
On sent à quel point il doit croire
A la fuite utile des jours.

Il marche dans la plaine immense,
Va, vient, jette la graine au loin,
Rouvre sa main, et recommence,
Et je médite, obscur témoin,

Pendant que, déployant ses voiles,
L'ombre, où se mêle une rumeur,
Semble élargir jusqu'aux étoiles
Le geste auguste du semeur.

VICTOR HUGO

*crépusculaire*—of twilight; *labours*—ploughed land; *rumeur*—murmuring

## 43. *Ma Bohême*

Je m'en allais, les poings dans mes poches crevées;
Mon paletot aussi devenait idéal;
J'allais sous le ciel, Muse! et j'étais ton féal;
Oh! là là! que d'amours splendides j'ai rêvées!

Mon unique culotte avait un large trou.
— Petit Poucet rêveur, j'égrenais dans ma course
Des rimes. Mon auberge était à la Grande-Ourse;
— Mes étoiles au ciel avaient un doux frou-frou.

Et je les écoutais, assis au bord des routes,
Ces bons soirs de septembre où je sentais des gouttes
De rosée à mon front, comme un vin de vigueur;

Ou, rimant au milieu des ombres fantastiques,
Comme des lyres, je tirais les élastiques
De mes souliers blessés, un pied près de mon cœur!

ARTHUR RIMBAUD

*Petit Poucet*—Tom Thumb; *égrener*—to tell one's beads: the poet is rhyming away just like a devout person tells his beads; *la Grande-Ourse*—the Great Bear constellation

*Musée du Louvre, Paris; Photo Giraudon*

13. HENRI FANTIN-LATOUR (1836–1904): *Arthur Rimbaud (détail du* Coin de Table)

## 44. *La nuit*

Nous bénissons la douce Nuit,
Dont le frais baiser nous délivre.
Sous ses voiles on se sent vivre
Sans inquiétude et sans bruit.

Le souci dévorant s'enfuit,
Le parfum de l'air nous enivre;
Nous bénissons la douce Nuit,
Dont le frais baiser nous délivre.

Pâle songeur qu'un Dieu poursuit,
Repose-toi, ferme ton livre.
Dans les cieux blancs comme du givre
Un flot d'astres frissonne et luit,
Nous bénissons la douce Nuit.

THÉODORE DE BANVILLE

# *V*

# *LES BETES*

14. *Wood engraving from 1868 edition of La Fontaine's Fables*

# 45. *Le lion et le rat*

Entre les pattes d'un Lion
Un Rat sortit de terre, assez à l'étourdie.
Le Roi des animaux, en cette occasion,
Montra ce qu'il était et lui donna la vie.
Ce bienfait ne fut pas perdu.
Quelqu'un aurait-il jamais cru
Qu'un Lion d'un Rat eût affaire?
Cependant il advint qu'à la sortie des forêts
Ce Lion fut pris dans des rets,
Dont les rugissements ne le purent défaire.
Sire Rat accourut, et fit tant par ses dents
Qu'une maille rongée emporta tout l'ouvrage.

JEAN DE LA FONTAINE

*assez à l'étourdie*—heedlessly enough, rashly; *rets*—nets; *une maille rongée*—one mesh gnawed through

## *46. La grenouille qui veut se faire aussi grosse qu'un bœuf*

Une Grenouille vit un Bœuf
Qui lui sembla de belle taille.
Elle, qui n'était pas grosse en tout comme un œuf,
Envieuse s'étend, et s'enfle, et se travaille
Pour égaler l'animal en grosseur,
Disant: 'Regardez bien, ma sœur,
Est-ce assez? dites-moi. N'y suis-je point encore?
— Nenni. — M'y voici donc? — Point du tout. — M'y voilà?
— Vous n'en approchez point.' La chétive pécore
S'enfla si bien qu'elle creva.
Le monde est plein de gens qui ne sont pas plus sages:
Tout Bourgeois veut bâtir comme les grands seigneurs:
Tout petit Prince a des Ambassadeurs;
Tout Marquis veut avoir des Pages.

JEAN DE LA FONTAINE

*la chétive pécore*—the puny creature

## 47. *L'albatros*

Souvent, pour s'amuser, les hommes d'équipage
Prennent des albatros, vastes oiseaux des mers,
Qui suivent, indolents compagnons de voyage,
Le navire glissant sur les gouffres amers.

A peine les ont-ils déposés sur les planches,
Que ces rois de l'azur, maladroits et honteux,
Laissent piteusement leurs grandes ailes blanches
Comme des avirons traîner à côté d'eux.

Ce voyageur ailé, comme il est gauche et veule!
Lui, naguère si beau, qu'il est comique et laid!
L'un agace son bec avec un brûle-gueule,
L'autre mime, en boitant, l'infirme qui volait.

Le Poète est semblable au prince des nuées,
Qui hante la tempête et se rit de l'archer;
Exilé sur le sol au milieu des huées,
Ses ailes de géant l'empêchent de marcher.

CHARLES BAUDELAIRE

## *48. Les hiboux*

Sous les ifs noirs qui les abritent
Les hiboux se tiennent rangés,
Ainsi que des dieux étrangers,
Dardant leur œil rouge. Ils méditent.

Sans remuer ils se tiendront
Jusqu'à l'heure mélancolique
Où, poussant le soleil oblique,
Les ténèbres s'établiront.

Leur attitude au sage enseigne
Qu'il faut en ce monde qu'il craigne
Le tumulte et le mouvement;

L'homme ivre d'une ombre qui passe
Porte toujours le châtiment
D'avoir voulu changer de place.

CHARLES BAUDELAIRE

## 49. *Trois petits oiseaux dans les blés*

Au matin se sont rassemblés
Troit petits oiseaux dans les blés.

Ils avaient tant à se dire
Qu'ils parlaient tous à la fois,
Et chacun forçait sa voix.
Ça faisait un tire lire,
Tire lire la ou la.
Un vieux pommier planté là
A trouvé si gai cela
Qu'il s'en est tordu de rire.

A midi se sont régalés
Trois petits oiseaux dans les blés...

A la nuit se sont en allés
Trois petits oiseaux dans les blés;

Chacun rond comme une caille
Ils zigzaguaient, titubant,
Voletant, roulant, tombant.
Ils avaient tant fait ripaille
Que leurs ventres trop gavés
Leur semblaient de lourds pavés;
Si bien qu'on les a trouvés
Ce matin morts sur la paille.

Un seul trou les a rassemblés
Trois petits oiseaux dans les blés.

JEAN RICHEPIN





:. HENRI ROUSSEAU (1844–1910): *The Hungry Lion* (détail)
*r Franz Meyer, Zürich*

## *50. La pêche*

Le pêcheur, vidant ses filets,
Voit les poissons d'or de la Loire
Glacés d'argent sur leur nageoire
Et mieux vêtus que des varlets.

Teints encor des ardents reflets
Du soleil et du flot de moire,
Le pêcheur, vidant ses filets,
Voit les poissons d'or de la Loire.

Les beaux captifs, admirez-les!
Ils brillent sur la terre noire,
Glorifiant de sa victoire,
Jaunes, pourprés et violets,
Le pêcheur vidant ses filets.

THÉODORE DE BANVILLE

## *51. L'enterrement d'une fourmi*

Les fourmis sont en grand émoi:
L'âme du nid, la reine est morte!
Au bas d'une très vieille porte,
    Sous un chêne, va le convoi.

Le vent cingle sur le sol froid
La nombreuse et fragile escorte.
Les fourmis sont en grand émoi:
L'âme du nid, la reine est morte!

Un tout petit je ne sais quoi
Glisse, tiré par la plus forte:
C'est le corbillard qui transporte
La défunte au caveau du roi.
Les fourmis sont en grand émoi!

MAURICE ROLLINAT

## 52. *Mon humble ami, mon chien fidèle...*

Mon humble ami, mon chien fidèle, tu es mort
de cette mort que tu fuyais comme une guêpe
lorsque tu te cachais sous la table. Ta tête
s'est dirigée vers moi à l'heure brève et morne.

O compagnon banal de l'homme: Etre béni!
toi que nourrit la faim que ton maître partage,
toi qui accompagnas dans leur pèlerinage
l'archange Raphaël et le jeune Tobie...

O serviteur: que tu me sois d'un grand exemple,
ô toi qui m'as aimé ainsi qu'un saint son Dieu!
Le mystère de ton obscure intelligence
vit dans un paradis innocent et joyeux.

Ah! faites, mon Dieu, si vous me donnez la grâce
de Vous voir face à Face aux jours d'Eternité,
faites qu'un pauvre chien contemple face à face
celui qui fait son dieu parmi l'humanité.

FRANCIS JAMMES

## *53. Les chats*

Les amoureux fervents et les savants austères
Aiment également, dans leur mûre saison,
Les chats puissants et doux, orgueil de la maison,
Qui comme eux sont frileux et comme eux sédentaires.

Amis de la science et de la volupté,
Ils cherchent le silence et l'horreur des ténèbres;
L'Erèbe les eût pris pour ses coursiers funèbres,
S'ils pouvaient au servage incliner leur fierté.

Ils prennent en songeant les nobles attitudes
Des grands sphinx allongés au fond des solitudes,
Qui semblent s'endormir dans un rêve sans fin;

Leurs reins féconds sont pleins d'étincelles magiques,
Et des parcelles d'or, ainsi qu'un sable fin,
Étoilent vaguement leurs prunelles mystiques.

CHARLES BAUDELAIRE

## *54. Complainte du petit cheval blanc*

Le petit cheval dans le mauvais temps, qu'il avait donc du courage! C'était un petit cheval blanc, tous derrière et lui devant.

Il n'y avait jamais de beau temps dans ce pauvre paysage. Il n'y avait jamais de printemps, ni derrière ni devant.

*Bibliothèque Nationale, Paris*

16. EDOUARD MANET (1832–83): *Les Chats*

Mais toujours il était content, menant les gars du village, à travers la pluie noire des champs, tous derrière et lui devant.

Sa voiture allait poursuivant sa belle petite queue sauvage. C'est alors qu'il était content, eux derrière et lui devant.

Mais un jour, dans le mauvais temps, un jour qu'il était si sage, il est mort par un éclair blanc, tous derrière et lui devant.

Il est mort sans voir le beau temps, qu'il avait donc du courage! Il est mort sans voir le printemps, ni derrière ni devant.

PAUL FORT



## 55. *Impression fausse*

Dame souris trotte,
Noire dans le gris du soir,
Dame souris trotte,
Grise dans le noir.

On sonne la cloche:
Dormez, les bons prisonniers,
On sonne la cloche:
Faut que vous dormiez.

Pas de mauvais rêve,
Ne pensez qu'à vos amours,
Pas de mauvais rêve:
Les belles toujours!

Le grand clair de lune!
On ronfle ferme à côté.
Le grand clair de lune
En réalité!

Un nuage passe,
Il fait noir comme en un four,
Un nuage passe.
Tiens, le petit jour!

Dame souris trotte,
Rose dans les rayons bleus,
Dame souris trotte:
Debout, paresseux!

PAUL VERLAINE



7. PABLO PICASSO (1881– ): *Man and Horse*
*he Tate Gallery, London*

## *56. Les papillons*

Blancs, bleus, gris, noirs, prompts, gais, fous, lestes,
Et titubants, et fanfarons,
Les papillons, ces fleurs célestes,
Battent l'air de leurs ailerons.

Ils déjeunent de primevères,
Font la dînette sur des lis,
Et vont boire des petits verres
D'azur, dans les volubilis.

Puis, pour leurs siestes paresseuses,
Quelques tulipes, à l'écart,
Ouvrent leurs corolles berceuses
Comme des tentes de brocart.

Un moucheron aux notes brèves
Siffle en sourdine un air léger...
Et les papillons font des rêves
Très doux, pleins d'odeurs d'oranger.

Et, le soir, secouant leurs ailes
Où le soleil met des paillons,
Ils vont, avec les demoiselles,
Danser sur l'eau des cotillons.

Blancs, bleus, gris, noirs, prompts, gais, fous, lestes,
Et titubants, et fanfarons,
Les papillons, ces fleurs célestes,
Battent l'air de leurs ailerons.

JEAN RAMEAU

# *VI*

# *TRISTESSE DU POETE*

18. *Sixteenth-century woodcut*

# 57. *Ceux qui sont amoureux*

Ceux qui sont amoureux, leurs amours chanteront,
Ceux qui aiment l'honneur, chanteront de la gloire,
Ceux qui sont près du Roi, publieront sa victoire,
Ceux qui sont courtisans, leurs faveurs vanteront:

Ceux qui aiment les arts, les sciences diront,
Ceux qui sont vertueux, pour tels se feront croire,
Ceux qui aiment le vin, déviseront de boire,
Ceux qui sont de loisir, de fables écriront:

Ceux qui sont médisants, se plairont à médire,
Ceux qui sont moins fâcheux, diront des mots pour rire,
Ceux qui sont plus vaillants, vanteront leur valeur:

Ceux qui se plaisent trop, chanteront leur louange,
Ceux qui veulent flatter, feront d'un diable un ange:
Moi, qui suis malheureux, je plaindrai mon malheur.

JOACHIM DU BELLAY

*déviser*—to chat

## 58. *Allez-vous-en, allez, allez!*

Allez-vous-en, allez, allez!
Souci, Soin et Mélancolie.
Me croyez-vous, toute ma vie,
Gouverner, comme fait avez?

Je vous promets que non ferez.
Raison aura sur vous maîtrie,
Allez-vous-en, allez, allez!
Souci, Soin et Mélancolie.

Si jamais plus vous retournez
Avec votre compagnie,
Je prie à Dieu qu'il vous maudie
Et ceux par qui vous reviendrez:
Allez-vous-en, allez, allez!

CHARLES D'ORLÉANS

*maîtrie*—mastery; *qu'il vous maudie*—that he curse you

## 59. *Sonnet pour Marie*

Comme on voit sur la branche au mois de mai la rose
En sa belle jeunesse, en sa première fleur,
Rendre le ciel jaloux de sa vive couleur,
Quand l'aube de ses pleurs au point du jour l'arrose,

La grâce dans sa feuille et l'Amour se repose,
Embaumant les jardins et les arbres d'odeur;
Mais, battue ou de pluie ou d'excessive ardeur
Languissante elle meurt, feuille à feuille déclose.

Ainsi, en ta première et jeune nouveauté
Quand la terre et le ciel honoraient ta beauté
La Parque t'a tuée, et cendre tu reposes.

Pour obsèques, reçois mes larmes et mes pleurs,
Ce vase plein de lait, ce panier plein de fleurs,
Afin que, vif et mort, ton corps ne soit que roses.

PIERRE RONSARD

*embaumant*—filling with perfume; *la Parque*—Fate

## 60. *Chanson*

Quand on perd, par triste occurrence
    Son espérance
    Et sa gaîté,
Le remède au mélancolique,
    C'est la musique
    Et la beauté!

Plus oblige et peut davantage
    Un beau visage
    Qu'un homme armé;
Et rien n'est meilleur que d'entendre
    Air doux et tendre
    Jadis aimé!

ALFRED DE MUSSET

## 61. *Tristesse*

J'ai perdu ma force et ma vie.
Et mes amis et ma gaîté;
J'ai perdu jusqu'à la fierté
Qui faisait croire à mon génie.

Quand j'ai connu la Vérité,
J'ai cru que c'était une amie;
Quand je l'ai comprise et sentie,
J'en étais déjà dégoûté.

Et pourtant elle est éternelle,
Et ceux qui se sont passés d'elle
Ici-bas ont tout ignoré.

Dieu parle, il faut qu'on lui réponde.
Le seul bien qui me reste au monde
Est d'avoir quelquefois pleuré.

ALFRED DE MUSSET

## 62. *Le ciel est, par-dessus le toit*

Le ciel est, par-dessus le toit,
Si bleu, si calme!
Un arbre, par-dessus le toit,
Berce sa palme.

La cloche, dans le ciel qu'on voit,
Doucement tinte.
Un oiseau sur l'arbre qu'on voit
Chante sa plainte.

Mon Dieu, mon Dieu, la vie est là,
Simple et tranquille.
Cette paisible rumeur-là
Vient de la ville.

— Qu'as-tu fait, ô toi que voilà
Pleurant sans cesse,
Dis, qu'as-tu fait, toi que voilà,
De ta jeunesse?

PAUL VERLAINE

## 63. *Il pleure dans mon cœur*

'Il pleut doucement sur la ville'—*Arthur Rimbaud*

Il pleure dans mon cœur
Comme il pleut sur la ville,
Quelle est cette langueur
Qui pénètre mon cœur?

O bruit doux de la pluie
Par terre et sur les toits!
Pour un cœur qui s'ennuie,
O le chant de la pluie!

Il pleure sans raison
Dans ce cœur qui s'écœure.
Quoi! nulle trahison?
Ce deuil est sans raison.

C'est bien la pire peine
De ne savoir pourquoi,
Sans amour et sans haine,
Mon cœur a tant de peine!

PAUL VERLAINE

## 64. *La cloche fêlée*

Il est amer et doux, pendant les nuits d'hiver,
D'écouter, près du feu qui palpite et fume,
Les souvenirs lointains lentement s'élever
Au bruit des carillons qui chantent dans la brume.

Bienheureuse la cloche au gosier vigoureux
Qui, malgré sa vieillesse, alerte et bien portante,
Jette fidèlement son cri religieux,
Ainsi qu'un vieux soldat qui veille sous la tente!

Moi, mon âme est fêlée, et lorsqu'en ses ennuis,
Elle veut de ses chants peupler l'air froid des nuits,
Il arrive souvent que sa voix affaiblie

Semble le râle épais d'un blessé qu'on oublie
Au bord d'un lac de sang, sous un grand tas de morts,
Et qui meurt, sans bouger, dans d'immenses efforts!

CHARLES BAUDELAIRE

## 65. *Recueillement*

Sois sage, ô ma Douleur, et tiens-toi plus tranquille.
Tu réclamais le soir; il descend; le voici:
Une atmosphère obscure enveloppe la ville,
Aux uns portant la paix, aux autres le souci.

Pendant que des mortels la multitude vile,
Sous le fouet du Plaisir, ce bourreau sans merci,
Va cueillir des remords dans la fête servile,
Ma Douleur, donne-moi la main; viens par ici,

Loin d'eux. Vois se pencher les défuntes Années,
Sur les balcons du ciel, en robes surannées;
Surgir du fond des eaux le Regret souriant;

Le Soleil moribond s'endormir sous une arche,
Et, comme un long linceul traînant à l'Orient,
Entends, ma chère, entends la douce Nuit qui marche!

CHARLES BAUDELAIRE

19. *Baudelaire sous l'influence du haschisch* (*par lui-même*)

## *66. Le tabac*

Assis sur un fagot, une pipe à la main,
Tristement accoudé contre une cheminée,
Les yeux fixés vers terre, et l'âme mutinée,
Je songe aux cruautés de mon sort inhumain.

L'espoir qui me remet du jour au lendemain
Essaie à gagner temps sur ma peine obstinée,
Et, me venant promettre une autre destinée,
Me fait monter plus haut qu'un empereur romain.

Mais à peine cette herbe est-elle mise en cendre,
Qu'en mon premier état il me convient de descendre,
Et passer mes ennuis à redire souvent:

Non, je ne trouve pas beaucoup de différence
De prendre du tabac à vivre d'espérance,
Car l'un n'est que fumée et l'autre n'est que vent.

MARC-ANTOINE DE SAINT-AMANT

## *67. J'ai vu toute ma vie*

J'ai vu toute ma vie
l'aube et le crépuscule
sur le cœur de ma ville

Pouvais-je alors savoir
l'âme de son visage

20. GONZALES COQUES (1618–84): *Smell* *National Gallery, London*

Mais voici sur la route
son long regard lointain
et son muet amour

Ville qui fuit mes pas
visage aimé de mon tourment
l'enfant vieillit

O ma ville grise
corps aimé d'une morte
mon cimetière
moi-même ROBERT GUIETTE

## *68. La mer s'en va comme ma jeunesse*

La mer s'en va comme ma jeunesse,
Découvrant l'aridité des sables;
O puissant reflux inarrétable,
La mer s'en va comme ma jeunesse.

Mes lourds sourcils comme des tortues
Vont fouissant leurs trous dans le sable;
Fouisseurs aux lenteurs implacables,
Mes lourds sourcils comme des tortues.

O pour déterrer quelle détresse,
Pour enterrer quelle autre jeunesse,
Mes lourds sourcils comme des tortues
Font-ils des trous comme des tortures?

MARCEL THIRY

# *VII*

# *L'EXIL*

## *69. Heureux qui comme Ulysse*

Heureux qui, comme Ulysse, a fait un beau voyage,
Ou comme celui-là qui conquit la toison,
Et puis est retourné, plein d'usage et raison,
Vivre entre ses parents le reste de son âge.

Quand reverrai-je hélas! de mon petit village
Fumer la cheminée? Et en quelle saison
Reverrai-je le clos de ma pauvre maison
Qui m'est une province et beaucoup davantage?

Plus me plaît le séjour qu'ont bâti mes aïeux
Que des palais romains le front audacieux;
Plus que le marbre dur me plaît l'ardoise fine,

Plus mon Loir gaulois que le Tibre latin;
Plus mon petit Lyré que le mont Palatin
Et plus que l'air marin la douceur angevine.

JOACHIM DU BELLAY

*la toison*—the (Golden) Fleece; *le Loir*—a small river that flows into the Sarthe, which in turn is a tributary of the Mayenne; *Lyré*—the poet's native village, on the banks of the river Loire

National Portrait Gallery, Lo

21. FRENCH SCHOOL: *Mary Queen of Scots*

# 70. *Adieux à la France*

*Vers écrits en vue des côtes de France, sur le vaisseau qui conduisait la reine en Ecosse*

Adieu, plaisant pays de France,
    O ma patrie,
    La plus chérie,
Qui a nourri ma jeune enfance;
Adieu, France! adieu, mes beaux jours!
La nef qui disjoint nos amours
N'a cy de moi que la moitié;
Une part te reste, elle est tienne.
Je la fie à ton amitié
Pour que de l'autre il te souvienne.

MARIE STUART

## *71. Les adieux de Marie Stuart à la France*

Adieu, charmant pays de France,
Que je dois tant chérir!
Berceau de mon heureuse enfance,
Adieu, te quitter c'est mourir!

Toi que j'adoptai pour patrie,
Et d'où je crois me voir bannir,
Entends les adieux de Marie,
France, et garde son souvenir!
Le vent souffle, on quitte la plage,
Et, peu touché de mes sanglots,
Dieu, pour me rendre à ton rivage,
Dieu n'a point soulevé les flots!

France, du milieu des alarmes,
La noble fille des Stuarts,
Comme en ce jour qui voit ses larmes,
Vers toi tournera ses regards.
Mais, Dieu! le vaisseau trop rapide,
Déjà vogue sous d'autres cieux,
Et la nuit, dans son voile humide,
Dérobe tes bords à mes yeux!

Adieu, charmant pays de France,
Que je dois tant chérir!
Berceau de mon heureuse enfance,
Adieu, te quitter c'est mourir!

PIERRE-JEAN DE BÉRANGER

## *72. Retour de l'exilé*

Me voici reprenant le chemin du retour,
Portant la plaie en moi d'un malheureux amour,
Reconnais-tu ton fils, ô mon petit village?
Je porte sur mon front la trace du naufrage.
Regarde: j'ai marché dans les pas du malheur,
Et la tristesse en moi ouvre une étrange fleur.
Mais ce passé n'est qu'une entre tant d'aventures.
Je m'avance aujourd'hui enveloppé de bure,
Cloîtré dans un silence où nul ne me suivra.
Toi seule, ô taciturne, entr'ouvre-moi les bras!
Donne-moi tes rochers, tes eaux, tes avenues,
Et cette herbe sous qui tu rêves toute nue!
Ma terre, donne-moi, dans ce monde où tout fuit,
Le bruit de ce torrent qui est le même bruit
Que mon père entendait avant que je ne vive!
Donne-moi tes grillons, tes taupes, et tes grives,
Tes neiges de décembre et tes aubes de mai,
Ce grand monde immobile où je veux m'enfermer
Et qui me bercera par delà l'agonie
Comme un chant de jet d'eau quand la fête est finie!

ROGER BODART

*enveloppé de bure*—in fustian dress, or in a monk's habit. Note how this simile conjures up the next adjective, *cloîtré* = cloistered.

# *VIII*

# *LA GUERRE*

## *73. La mort de Jeanne d'Arc*

Silence au camp! la vierge est prisonnière;
Par un injuste arrêt Bedfort croit la flétrir:
Jeune encore, elle touche à son heure dernière...
Silence au camp! la vierge va périr!

Du Christ avec ardeur Jeanne baisait l'image;
Ses longs cheveux épars flottaient au gré des vents;
Au pied de l'échafaud, sans changer de visage,
Elle s'avançait à pas lents.
Tranquille elle y monta; quand, debout sur le faîte,
Elle vit ce bûcher qui l'allait dévorer,
Les bourreaux en suspens, la flamme déjà prête,
Sentant son cœur faillir, elle baissa la tête,
Et se prit à pleurer.

Ah! pleure, fille infortunée!
Ta jeunesse va se flétrir,
Dans sa fleur trop tôt moissonnée!
Adieu, beau ciel, il faut mourir.

Tu ne reverras plus tes riantes montagnes,
Le temple, le hameau, les champs de Vaucouleurs,
Et ta chaumière et tes compagnes,
Et ton père expirant sous le poids des douleurs.

CASIMIR DELAVIGNE

## *74. Souvenir de la Nuit du Quatre*

L'enfant avait reçu deux balles dans la tête.
Le logis était propre, humble, paisible, honnête:
On voyait un rameau bénit sur un portrait.
Une vieille grand'mère était là qui pleurait.
Nous le déshabillions en silence. Sa bouche,
Pâle, s'ouvrait; la mort noyait son œil farouche;
Ses bras pendants semblaient demander des appuis.
Il avait dans sa poche une toupie en buis.
On pouvait mettre un doigt dans les trous de ses plaies.
Avez-vous vu saigner la mûre dans les haies?
Son crâne était ouvert comme un bois qui se fend.
L'aïeule regarda déshabiller l'enfant,
Disant: Comme il est blanc! approchez donc la lampe.
Dieu! ses pauvres cheveux sont collés sur sa tempe!
Et quand ce fut fini, le prit sur ses genoux.
La nuit était lugubre; on entendait des coups
De fusil dans la rue où l'on en tuait d'autres.

VICTOR HUGO

*la Nuit du Quatre*—the night of Louis-Napoleon's famous *coup d'état*; *un rameau bénit*—a sprig of blessed palm; *toupie en buis*—a top made of box-wood; *la mûre*—mulberry; *aïeule*—grandmother

## 75. *Le dormeur du val*

C'est un trou de verdure où chante une rivière
Accrochant follement aux herbes des haillons
D'argent, où le soleil de la montagne fière
Luit: c'est un petit val qui mousse de rayons.

Un soldat jeune, bouche ouverte, tête nue,
Et la nuque baignant dans le frais cresson bleu,
Dort; il est étendu dans l'herbe, sous la nue,
Pâle dans son lit vert où la lumière pleut;

Les pieds dans les glaïeuls, il dort. Souriant comme
Sourirait un enfant malade, il fait un somme:
Nature! berce-le chaudement: il a froid.

Les parfums ne font pas frissonner sa narine.
Il dort dans le soleil, la main sur la poitrine,
Tranquille. Il a deux trous rouges au côté droit.

ARTHUR RIMBAUD

## *76. N'as-tu pas peur...*

N'as-tu pas peur des ultra-sons,
    Dit l'Europe, dit l'Europe,
N'as-tu pas peur des ultra-sons,
    Et de l'isotope?

Je me moque de l'isotope,
    Dit le ciel, dit le ciel,
Je me moque de l'isotope,
    Je suis ciel en ciel.

On peut fort bien tuer le ciel,
    Dit l'Afrique, l'Amérique,
On peut fort bien tuer le ciel,
    Vois ce qu'on fabrique!

Je me moque d'être tuée,
    Dit la nue, la nuée;
Je me moque d'être tuée,
    Fus-je jamais née?

MARCEL THIRY

# *IX*

# *FANTAISIES*

## 77. *Ronde flamande*

Si j'étais roi de la forêt,
Je mettrais une couronne
Toute d'or; en velours bleuet
    J'aurais un trône,

En velours bleu, garni d'argent
Comme un livre de prière;
J'aurais un verre en diamant
    Rempli de bière,

Rempli de bière ou de vin blanc.
Je dormirais sur des roses.
Dire qu'un roi peut avoir tant
    De belles choses!

CHARLES CROS

22. EDGAR DEGAS (1834–1917): *L'Absinthe*

*S.P.A.D.E.M.; Photo Giraudon*

## *78. Le roi d'Yvetot*

Il était un roi d'Yvetot
Peu connu dans l'histoire
Se levant tard, se couchant tôt,
Dormant fort bien sans gloire,
Et couronné par Jeanneton
D'un simple bonnet de coton,
Dit-on.
Oh! Oh! Oh! Oh! Ah! Ah! Ah! Ah!
Quel bon petit roi c'était là!
La, la.

Il faisait ses quatre repas
Dans son palais de chaume,
Et sur un âne, pas à pas,
Parcourait son royaume.
Joyeux, simple et croyant le bien
Pour tout garde il n'avait rien
Qu'un chien.

Il avait de goût onéreux
Qu'une soif un peu vive;
Mais, en rendant son peuple heureux,
Il faut bien qu'un roi vive.
Lui-même à table et sans suppôt,
Sur chaque muid levait un pot
D'impôt.

Il n'agrandit pas ses états,
  Fut un voisin commode,
Et, modèle des potentats,
  Prit le plaisir pour code.
Ce n'est que lorsqu'il expira
Que le peuple, qui l'enterra,
    Pleura.

On conserve encor le portrait
  De ce digne et bon prince;
C'est l'enseigne d'un cabaret
  Fameux dans la province.
Les jours de fête, bien souvent,
La foule s'écrie en buvant
    Devant:
Oh! Oh! Oh! Oh! Ah! Ah! Ah! Ah!
Quel bon petit roi c'était là!
    La, la.

PIERRE-JEAN DE BÉRANGER

*suppôt*—tax-collector; *muid*—hogshead; *impôt*—tax

23. PAUL GAUGUIN (1848–1903): *Ronde Bretonne*

*Gemeente Musea, Amsterdam*

## *79. Rêverie*

Si tu veux, faisons un rêve:
Montons sur deux palefrois;
Tu m'emmènes, je t'enlève.
L'oiseau chante dans les bois.

Un bagage est nécessaire;
Nous emporterons nos vœux,
Nos bonheurs, notre misère,
Et les fleurs de tes cheveux.

Viens! nos deux chevaux mensonges
Frappent du pied tous les deux,
Le mien au fond de mes songes,
Et le tien au fond des cieux.

Tu seras dame, et moi comte;
Viens, mon cœur s'épanouit,
Viens, nous conterons ce conte
Aux étoiles de la nuit.

VICTOR HUGO

## *80. Fantaisie*

Il est un air pour qui je donnerais
Tout Rossini, tout Mozart et tout Weber,
Un air très vieux, languissant et funèbre,
Qui pour moi seul a des charmes secrets.

Or, chaque fois que je viens à l'entendre,
De deux cents ans mon âme rajeunit:
C'est sous Louis-Treize... — Et je crois voir s'étendre
Un coteau vert que le couchant jaunit;

Puis un château de brique à coins de pierre,
Aux vitraux teints de rougeâtres couleurs,
Ceint de grands parcs, avec une rivière
Baignant ses pieds, qui coule entre des fleurs.

Puis une dame à sa haute fenêtre,
Blonde, aux cheveux noirs, en ses habits anciens...
Que, dans une autre existence peut-être,
J'ai déjà vue — et dont je me souviens.

GÉRARD DE NERVAL

## *81. La pipe*

Je suis la pipe d'un auteur;
On voit, à contempler ma mine
D'Abyssinienne ou de Cafrine,
Que mon maître est un grand fumeur.

Quand il est comblé de douleur,
Je fume comme la chaumine
Où se prépare la cuisine
Pour le retour du laboureur.

J'enlace et je berce son âme
Dans le réseau mobile et bleu
Qui monte de ma bouche en feu,

Et je roule un puissant dictame
Qui charme son cœur et guérit
De ses fatigues son esprit.

CHARLES BAUDELAIRE

*dictame*—dittany: a genus of aromatic plants

## 82. *J'ai cherché trente ans*

J'ai cherché trente ans, mes sœurs,
Où s'est-il caché?
J'ai marché trente ans, mes sœurs
Sans m'en approcher...

J'ai marché trente ans, mes sœurs,
Et mes pieds sont las.
Il était partout, mes sœurs,
Et n'existe pas...

L'heure est triste enfin, mes sœurs,
Otez vos sandales,
Le soir meurt aussi, mes sœurs,
Et mon âme a mal...

Vous avez seize ans, mes sœurs,
Allez loin d'ici,
Prenez mon bourdon, mes sœurs,
Et cherchez aussi...

MAURICE MAETERLINCK

## *83. Elle l'enchaîna dans une grotte*

Elle l'enchaîna dans une grotte,
Elle fit un signe sur la porte;
La vierge oublia la lumière
Et la clef tomba dans la mer.

Elle attendit les jours d'été:
Elle attendit plus de sept ans,
Tous les ans passait un passant.

Elle attendit les jours d'hiver;
Et ses cheveux en attendant
Se rappelèrent la lumière.

Ils la cherchèrent, ils la trouvèrent,
Ils se glissèrent entre les pierres
Et éclairèrent les rochers.

Un soir un passant passe encore,
Il ne comprend pas la clarté
Et n'ose pas en approcher.

Il croit que c'est un signe étrange,
Il croit que c'est une source d'or,
Il croit que c'est un jeu des anges,
Il se détourne et passe encore...

MAURICE MAETERLINCK

## 84. La ronde

Si toutes les filles du monde voulaient s'donner la main, tout autour de la mer elles pourraient faire une ronde.

Si tous les gars du monde voulaient bien êtr' marins, ils f'raient avec leurs barques un joli pont sur l'onde.

Alor on pourrait faire une ronde autour du monde, si tous les gens du monde voulaient s'donner la main.

PAUL FORT



## 85. Je flotte comme un bouchon

Je flotte comme un bouchon
sur l'histoire du monde
— allez donc trouver
un sens à tout cela!

ROBERT GUIETTE



24. JEAN DUBUFFET (1901– ): *Man with a Bask*
*The Tate Gallery, Lond*

## *86. La vieille file*

La vieille file et son rouet
Parle de vieilles, vieilles choses;
La vieille a les paupières closes
Et croit bercer un vieux jouet.

Le chanvre est blond, la vieille est blanche,
La vieille file lentement;
Et pour mieux l'écouter, se penche
Sur le rouet bavard qui ment.

Sa vieille main tourne la roue,
L'autre file le chanvre blond;
La vieille tourne, tourne en rond,
Se croit petite et qu'elle joue...

Le chanvre qu'elle file est blond;
Elle le voit et se voit blonde;
La vieille tourne, tourne en rond,
Et la vieille danse la ronde.

Le rouet tourne doucement
Et le chanvre file de même.
Elle écoute un ancien amant
Murmurer doucement qu'il l'aime...

Le rouet tourne un dernier tour;
Les mains s'arrêtent désolées;
Car les souvenances d'amour
Avec le chanvre, étaient filés...

GRÉGOIRE LE ROY

# *X*

# *POEMES D'AMOUR*

## *87. Rondel*

Si souvent vais au moustier,
C'est tout pour voir ma belle
Fraîche comme rose nouvelle.

D'en parler n'est nul mestier,
Pourquoi fait-on telle nouvelle
Si souvent vais au moustier?

Il n'est voie ni sentier
Où je voise que pour elle;
Fou est fou qui m'en appelle
Si souvent vais au moustier.

CHRISTINE DE PISAN

*moustier*—church; *d'en parler n'est nul mestier*—it's no business of yours; *où je voise*—wherever I go.

## *88. Virelai*

Suis-je, suis-je, suis-je belle?

Il me semble, à mon avis,
Que j'ai beau front et doux viz
Et la bouche vermeillette;
Dites-moi si je suis belle.

J'ai verts yeux, petits sourcils,
Le chef blond, le nez traitis,
Rond menton, blanche gorgette;
Suis-je, suis-je, suis-je belle?

J'ai draps de soie et tabis,
J'ai draps d'or et blancs et bis,
J'ai mainte bonne chosette;
Dites-moi si je suis belle.

EUSTACHE DESCHAMPS

*viz*—visage; *vermeillette*—vermilion; *le nez traitis*—a shapely nose; *gorgette*—a little throat; *tabis*—watered silk; *bis*—brun; *jai mainte bonne chosette*—there are many pretty little things about me

## *89. Complainte populaire*

Gentils galants de France
Qui en la guerre allez
Je vous prie qu'il vous plaise
Mon ami saluer.'

'Comme le saluerai-je
Quand point ne le connais?'
'Il est bon à connaître,
Il est de blanc armé.

Il porte la croix blanche
Les éperons dorés,
Et au bout de sa lance
Un fer d'argent doré.'

'Ne pleurez plus, la belle,
Car il est trépassé:
Il est mort en Bretagne,
Les Bretons l'ont tué.'

'J'ai vu faire sa fosse
A l'orée d'un vert pré,
Et vu chanter sa messe
A quatre cordeliers.'

ANONYMOUS

*trépassé*—dead; *orée*—edge; *cordeliers*—grey friars

## 90. *Sonnet pour Hélène*

Quand vous serez bien vieille, au soir, à la chandelle,
Assise auprès du feu, dévidant et filant,
Direz chantant mes vers, en vous émerveillant,
Ronsard me célébrait du temps que j'étais belle.

Lors vous n'aurez servante, oyant telle nouvelle,
Déjà sous le labeur à demi sommeillant,
Qui au bruit de mon nom ne s'aille réveillant
Bénissant votre nom de louange immortelle.

Je serai sous la terre, et, fantôme sans os,
Par les ombres myrteux je prendrai mon repos,
Vous serez au foyer une vieille accroupie,

Regrettant mon amour et votre fier dédain.
Vivez, si m'en croyez, n'attendez à demain:
Cueillez dès aujourd'hui les roses de la vie.

PIERRE RONSARD

*dévidant et filant*—winding and spinning; *oyant*—hearing

*National Gallery, Lo*

25. JEAN ANTOINE WATTEAU (1684–1721): *La Gamme d'amour*

## 91. *Stances à la Marquise*

Marquise, si mon visage
A quelques traits un peu vieux,
Souvenez-vous qu'à mon âge
Vous ne vaudrez guère mieux.

Le temps aux plus belles choses
Se plaît à faire un affront,
Et saura faner vos roses
Comme il a ridé mon front.

Le même cours des planètes
Règle nos jours et nos nuits,
On m'a vu ce que vous êtes;
Vous serez ce que je suis.

Cependant j'ai quelques charmes
Qui sont assez éclatants
Pour n'avoir pas trop d'alarmes
De ces ravages du temps.

Vous en avez qu'on adore,
Mais ceux que vous méprisez
Pourraient bien durer encore
Quand ceux-là seront usés.

Ils pourront sauver la gloire
Des yeux qui me semblent doux,
Et dans mille ans faire croire
Ce qu'il me plaira de vous.

Chez cette race nouvelle
Où j'aurai quelque crédit,
Vous ne passerez pour belle
Qu'autant que je l'aurai dit.

Pensez-y, belle Marquise:
Quoiqu'un grison fasse effroi,
Il vaut bien qu'on le courtise,
Quand il est fait comme moi.

PIERRE CORNEILLE

*un grison*—a greybeard, an old man

## *92. Chanson*

Le roi Loys est sur le pont,
Tenant sa fille en son giron.
Elle lui demande un cavalier...
Qui n'a pas vaillant six deniers!

— 'Oh! oui, mon père, je l'aurai
Malgré ma mère qui m'a portée,
Aussi malgré tous mes parents
Et vous, mon père... que j'aime tant!

— Ma fille, il faut changer d'amour,
Ou vous entrerez dans la tour...
— J'aime mieux rester dans la tour,
Mon père! que de changer d'amour!

— Vite... où sont mes estafiers,
Aussi bien que mes gens de pied?
Qu'on mène ma fille à la tour,
Elle n'y verra jamais le jour!'

Elle y resta sept ans passés
Sans que personne pût la trouver;
Au bout de la septième année
Son père vint la visiter.

— 'Bonjour, ma fille, comme vous en va?
— Ma foi, mon père... ça va bien mal;
J'ai les pieds pourris dans la terre,
Et les côtés mangés des vers.

— Ma fille, il faut changer d'amour...
Ou vous resterez dans la tour.
— J'aime mieux rester dans la tour,
Mon père, que de changer d'amour!'

GÉRARD DE NERVAL

*giron*—lap; *deniers*—pence; *estafiers*—flunkeys

## *93. Chanson de Barberine*

Beau chevalier qui partez pour la guerre,
Qu'allez-vous faire
Si loin d'ici?

Voyez-vous pas que la nuit est profonde,
Et que le monde
N'est que souci?

Vous qui croyez qu'une amour délaissée
De la pensée
S'enfuit ainsi,

Hélas! hélas! chercheurs de renommée,
Votre fumée
S'envole aussi.

Beau chevalier qui partez pour la guerre,
Qu'allez-vous faire
Si loin de nous?

J'en vais pleurer, moi qui me laissais dire
Que mon sourire
Etait si doux.

ALFRED DE MUSSET

## 94. *Soir d'avril*

C'était la première soirée
Du mois d'avril.
Je m'en souviens, mon adorée;
T'en souvient-il?

Nous errions dans la ville immense,
Tous deux, sans bruit,
A l'heure où le repos commence
Avec la nuit...

Notre-Dame, parmi les dômes
Des vieux faubourgs,
Dressait, comme deux grands fantômes,
Ses grandes tours.

*Musée du Louvre*

26. JOHAN-BERTHOLD JONGKIND (1819–91): *Bateaux lavoirs au pont Notre-Dame*

La Seine, découpant les ombres
En angles noirs,
Faisait luire sous les ponts sombres
De clairs miroirs...

Tu disais: 'Je suis calme et fière;
Je t'aime! Oui!'
Et je rêvais à ta lumière,
Tout ébloui.

Oh! ce fut une heure sacrée,
T'en souvient-il?
Que cette première soirée
Du mois d'avril!...

VICTOR HUGO

## 95. *Chanson de Fortunio*

Si vous croyez que je vais dire
    Qui j'ose aimer
Je ne saurais, pour un empire,
    Vous la nommer.

Nous allons chanter à la ronde,
    Si vous voulez,
Que je l'adore et qu'elle est blonde
    Comme les blés.

Je fais ce que sa fantaisie
    Veut m'ordonner,
Et je puis, s'il lui faut ma vie,
    La lui donner.

Du mal qu'une amour ignorée
    Nous fait souffrir,
J'en porte l'âme déchirée
    Jusqu'à mourir.

Mais j'aime trop pour que je die
    Qui j'ose aimer,
Et je veux mourir pour ma mie
    Sans la nommer.

ALFRED DE MUSSET

## 96. *L'orgue*

Sous un roi d'Allemagne, ancien,
Est mort Gottlieb le musicien.

On l'a cloué sous les planches.
Hou! hou! hou!
Le vent souffle dans les branches

Il est mort pour avoir aimé
La petite Rose-de-Mai.
Les filles ne sont pas franches.
Hou! hou! hou!
Le vent souffle dans les branches.

Elle s'est mariée, un jour,
Avec un autre, sans amour.
'Repassez les robes blanches!'
Hou! hou! hou!
Le vent souffle dans les branches.

Quand à l'église ils sont venus,
Gottlieb à l'orgue n'était plus,
Comme les autres dimanches.
Hou! hou! hou!
Le vent souffle dans les branches.

Car depuis lors, à minuit noir,
Dans la forêt on peut le voir
A l'époque des pervenches.
Hou! hou! hou!
Le vent souffle dans les branches.

Son orgue a les pins pour tuyaux.
Il fait peur aux petits oiseaux.
Morts d'amour ont leurs revanches.
Hou! hou! hou!
Le vent souffle dans les branches.

CHARLES CROS

## 97. *Chanson*

Et s'il revenait un jour
    Que faut-il lui dire?
Dites-lui qui'on l'attendit
    Jusqu'à s'en mourir...

Et s'il m'interroge encore
    Sans me reconnaître?
Parlez-lui comme une sœur,
    Il souffre peut-être...

Et s'il demande où vous êtes
    Que faut-il répondre?
Donnez-lui mon anneau d'or
    Sans rien lui répondre...

Et s'il veut savoir pourquoi
    La salle est déserte?
Montrez-lui la lampe éteinte
    Et la porte ouverte...

Et s'il m'interroge alors
    Sur la dernière heure?
Dites-lui que j'ai souri
    De peur qu'il ne pleure...

MAURICE MAETERLINCK

## 98. *Le baiser volé*

Pardonnez-moi, belle marquise,
Ce baiser que je vous ai pris!
Les parterres étaient fleuris;
L'air était plein de galantise.

L'amour chantait avec la brise;
Mon crime est de l'avoir compris,
— Pardonnez-moi, belle marquise,
Ce baiser que je vous ai pris!

Vous me disez, sur l'herbe assise:
'Cueillez cette fleur!' et, surpris,
A ces doux mots je me mépris,
Je cueillis votre lèvre exquise...
— Pardonnez-moi, belle marquise!

HENRI ALLORGE

27. PIERRE AUGUSTE RENOIR (1841–1919): *Portrait* S.P.A.D.E.M.

## *99. Le pont Mirabeau*

Sous le pont Mirabeau coule la Seine
Et nos amours
Faut-il qu'il m'en souvienne
La joie venait toujours après la peine

Vienne la nuit sonne l'heure
Les jours s'en vont je demeure

Les mains dans les mains restons face à face
Tandis que sous
Le pont de nos bras passe
Des éternels regards l'onde si lasse

Vienne la nuit sonne l'heure
Les jours s'en vont je demeure

L'amour s'en va comme cette eau courante
L'amour s'en va
Comme la vie est lente
Et comme l'Espérance est violente

Vienne la nuit sonne l'heure
Les jours s'en vont je demeure

Passent les jours et passent les semaines
Ni temps passé
Ni les amours reviennent
Sous le pont Mirabeau coule la Seine

*The Tate Gallery, London*

28. MAURICE UTRILLO (1883–1955): *La Porte St Martin*

Vienne la nuit sonne l'heure
Les jours s'en vont je demeure

GUILLAUME APOLLINAIRE

## 100. *Nocturne*

Toc toc, toc toc, — il cloue à coups pressés,
Toc, toc, — le menuisier des trépassés.
    'Bon menuisier, bon menuisier,
    Dans le sapin, dans le noyer,
    Taille un cercueil très grand, très lourd,
    Pour que j'y couche mon amour.'

Toc toc, toc toc, — il cloue à coups pressés,
Toc, toc, — le menuisier des trépassés.
    'Qu'il soit tendu de satin blanc
    Comme ses dents, comme ses dents;
    Et mets aussi des rubans bleus
    Comme ses yeux, comme ses yeux.'. . .

Toc toc, toc toc, — il cloue à coups pressés,
Toc, toc — le menuisier des trépassés.
    'Bon menuisier, bon menuisier,
    Dans le sapin, dans le noyer,
    Taille un cercueil très grand, très lourd,
    Pour que j'y couche mon amour.'

JEAN MORÉAS

# *NOTES*
# *COMMENTS AND QUESTIONS*

1. EMILE VERHAEREN (1855–1916). The greatest of the Belgian poets, Verhaeren is also the most modern poet of his generation. He sings with feverish intensity his joy in life and living, and he forges for himself a verse form that will convey as vividly as possible to the reader the urgency of his message. He sees the countryside relentlessly rolled back by the new industrial and manufacturing towns, yet he has tremendous faith in the new Europe that emerges, and he is a staunch patriot. He was born near Antwerp, went to school in Ghent, studied at the University of Louvain, and published his first poems whilst still an undergraduate. His life then became one long round of travel and literary activity. He died tragically—killed by a train at Rouen station, by one of the new machines he so admired, and his last years clouded by the knowledge that the 1914–1918 war was putting an end to all his hopes for a glorious future for the Europe he loved. He was, in all his writing, considerably influenced by the American poet, Walt Whitman.

Notice how lovingly the poet describes his country retreat. He sees everything with the eye of the artist. Describe in detail, in English, exactly what the poet's country estate is like. What do you think he means by the phrase 'fleurs involontaires'? And why 'naïvement'?

2. ALPHONSE DE LAMARTINE (1790–1869). Lamartine was born to the life of a country gentleman and spent his youth in ideal surroundings. He hunted and read, the Bible being for him a great source of inspiration, and he travelled in Italy. In 1816 he met and fell in love with a young woman who died the following year. Her death inspired him to write verse that won him immediate fame and made him an acclaimed leader of the Romantic movement. From 1820

to 1830 he held diplomatic posts in Italy, and from 1833, when he entered parliament, his life was devoted to politics. When the revolution of 1848 came about he found himself, as Minister for Foreign Affairs, head of the provisional government. He retired from the political scene when Louis-Napoleon came to power. He was then a poor man, for his princely generosity and his wholehearted devotion to his country's cause had led him to pile up debts everywhere. His fine country house was sold and he died two years after the Imperial Government had voted him a meagre pension.

Lamartine here gives us a wonderfully poignant description of an abandoned country house. Describe in detail, verse by verse, what the poet sees. Notice the use he makes of colour, and also the telling power of his adjectives—e.g. '*vieilles* hirondelles'. The poem is one long and dignified sigh of regret, and the verse form he has chosen, with its regular and disciplined beat, gives it its elegaic quality.

3. ROBERT GUIETTE (1895– ). Robert Guiette was born in Antwerp and is now professor of French literature in the University of Ghent. His poetry is very often the kind of intellectual exercise Paul Valéry claimed poetry should be. He is a modern poet, a surrealist, and he takes his chief delight in mocking the folly of modern existence.

Notice how the lack of punctuation in this poem conveys exactly the poet's intention: to emphasize the monotonous futility of ever attempting to recapture the past. Would you say he was right? Read the next poem before you answer this question!

4. (For biographical details see Note 1 above.) Here, the poet in his middle age vividly relives all the excitement and enchantment of his childhood: 'C'était si doux la vie en abrégé!' Trace the steps by which the poet collects his souvenirs. Notice the fascination which the clang and bustle of the

nearby factory has for him. Would you conclude that he had had a happy and secure childhood?

5. MAX ELSKAMP (1862–1931). The son of a rich Antwerp banker, Max Elskamp went first to the grammar school in his native city and then to the University of Brussels to study law. He never practised law, but he became an expert fencer, oarsman and yachtsman and, after three years of wandering abroad (1884–87), never again left Antwerp. Here, he led a double life: for many people he was the gay sportsman and man-about-town; for a few intimate friends he was a sensitive Catholic poet and wood-engraver of real ability. He illustrated his volumes of poetry himself and published them privately for circulation only among his friends.

   Here is a poet of great simplicity, and on that account extremely moving. Notice the detail he packs into the poem, however. He expresses all the joy of the simple folk in Sunday, their day of rest. And on this day of days nature also seems to put on her best appearance. The poem is deliberately naïve and archaic in form and has several elliptical turns of phrase.

6. FRANCIS JAMMES (1868–1938). A convinced Catholic poet like Claudel, to whom he owed his conversion to Catholicism, Francis Jammes spent all his life in his native Basque country. In one sense he anticipated the English poet, W. H. Auden, by maintaining that poetry is nothing more than memorable speech. For him, life and art are one and must not be dissociated. All subjects are legitimate subjects for the poet, or, as he puts it himself: 'toutes choses sont bonnes à décrire lorsqu'elles sont naturelles'.

   Notice that there are only three objects described in the poet's dining-room. Why only these, do you think? Why not the table and chairs?

7. ARTHUR RIMBAUD (1854–1891). A very precocious young boy, Rimbaud ran away from his native town of Charleville and was introduced to the literary world of Paris by the poet, Paul Verlaine. He travelled with Verlaine and wrote all his poetry between the age of sixteen and nineteen. He then became a trading adventurer in Ethiopia, and from that time onwards all further interest in literature and writing ceased. He can best be described as 'le poète des sensations' and his influence on modern poetic form has been great.

   Describe exactly how the buffet looks and what it contains. Pick out the telling phrases which would label Rimbaud as 'le poète des sensations'.

8. FERNAND GREGH (1873– ). Fernand Gregh became famous literally overnight when a distinguished critic attributed one of his poems to the pen of Paul Verlaine. The publication of his collected verse in the same year (1896) marked him out as the most promising disciple of Verlaine. In the Verlaine manner he afterwards continued writing charming and deceptively simple poetry 'tout imprégnée de la douceur de la vie intime'.

   Describe in detail this peaceful evening domestic setting. Do you think the phrase 'comme des primitifs' is a happy one? What do you imagine the poet means? Why do you think the poet's mother is doing her embroidery 'avec des doigts distraits'? Notice what detailed and accurate observation goes to make up this cosy fireside picture. Pick out relevant phrases.

9. VICTOR HUGO (1802–1885). Born at Besançon, the son of a general in Napoleon's armies, Hugo followed his father in his youth through Italy and Spain and came to settle in Paris only at the collapse of the Napoleonic régime. From 1827 to 1843 he devoted himself passionately to literature and became the acknowledged leader of the Romantic school of

poets. From 1843 to 1851 his main concern was politics (according to him a necessary function of the poet), and, being an ardent Republican, he soon found himself in trouble when Louis-Napoleon came to power in 1848. From 1852 his bitter and satiric verse on Napoleon III drove him into exile, first in Brussels and then in Jersey and Guernsey. He returned to Paris after the disastrous Franco-Prussian war of 1870 and lived out a serene old age, universally respected and admired.

He was prodigious in his writings and words flowed from his pen, not always with happy results. None the less, as poet, dramatist, novelist, he dominated the nineteenth century, and when he is at his best none can equal him. His skill in handling words, his powerful imagination and the intensity and sincerity of his emotions put him in the front rank of poets. His best lyrics are unequalled for their freshness and spontaneity. His satiric verse is mordant and compelling. His epic poems are of unsurpassed grandeur and nobility.

Notice the cinematographic effect of this poem: how the camera (the poet's eye) first takes in the whole hut, focuses on the bed, the children, passes to the warm fire, then to the mother at prayer by the bed, and then contrasts this warm scene with the cold and savage cruelty of the ocean just outside. Notice the effect of the last two lines, piling up for the crash of a mighty wave.

10. (For biographical details see Note 9 above.) Here is one of Hugo's most charming lyrics. He adored children. Notice how the metre and rhythm imitate the dance of the children.

11. (For biographical details see Note 9 above.) A more serious poem testifying to the innocence of childhood. What are the main characteristics of an innocent young child according to Hugo? What is the prayer that Hugo offers up? Do you consider the phrase 'la cage sans oiseaux' a happy one? Can it be justified?

12. CHRISTOPHE PLANTIN (1514–1589). Born at Montlouis, near Tours, Plantin established himself as a printer at Antwerp and soon won world-wide fame for his exquisite workmanship, design and artistry in printing books. His editions of the Bible in Hebrew, Latin and Dutch are renowned for their beauty and accuracy. He had misfortunes and hardships in his life, but he did not consider himself unhappy, as this sonnet shows. There is a fine Plantin Museum in Antwerp.

    This poem is written in the traditional sonnet form. Analyse its metre and rhyme scheme to discover what this form is. Enumerate the chief conditions Plantin lays down for a happy life. Would you consider that he is in some respects selfish?

13. ANONYMOUS. A very simple and early poem with its moral story for Christmas. Note the dramatic presentation, the economy in words.

14. THÉOPHILE GAUTIER (1811–1872). Going to Paris from Tarbes, where he was born, Gautier first determined to be a painter. He soon became involved with Hugo and the Romantic school, however, and writing claimed his whole attention. To earn a living he became a dramatic and art critic. He visited Spain, Italy, Constantinople and Russia, and at home lived surrounded by books, art treasures, and cats. There is nothing profound about his poetry, but it has a simplicity and charm that will always appeal.

    Here is a charming word picture, as you might expect from a skilled artist. Note the broad, deft strokes with which the picture is rapidly composed. Notice the clever use of contrast, and the alternation of light and shadow. Pick out examples. As in the previous poem note the simplicity of the verse form, and the choice of words, treating a simple but tremendous subject with simplicity and reverence.

15. (For biographical details see Note 14 above.) Here again one notices sureness of touch and simplicity of form. Pick out

the telling words and phrases which fix the scene vividly in your mind.

16. JEAN RACINE (1639–1699). Brought up piously by his grandmother, and educated austerely at Port-Royal, Racine broke away from religious restraint and lived from 1664 to 1677 in Paris where he enjoyed the friendship of such distinguished writers as Boileau, La Fontaine and Molière. He wrote plays that brought him instant and lasting fame. Then, tired of the enmity his success had brought him and feeling still the pull of religion, he retired to comparative obscurity, married, had children, and broke his silence twice only for the theatre. Even then, the plays he wrote—*Esther* (1689) and *Athalie* (1691)—were intended for performance within the religious atmosphere of a famous girls' school at Saint-Cyr. In 1694 he published his lyrical *Cantiques Spirituels* from which this poem is taken.

Pick out the two lines which sum up for us the burden of Racine's lament. Describe the attributes of the two warring men the poet says exist within him.

17. (For biographical details see Note 9 above.) Explain the meaning of the title given to this poem. Why is the poet so out of love with life?

18. (For biographical details see Note 9 above.) What tremendous consolation does the poet find in his contemplation of the crucifix? Could you add further lines to the poem?

19. FRANZ HELLENS (1881– ). A Belgian by birth, and educated in Ghent, Franz Hellens is primarily a novelist and short story writer. His poetry, however, is held in high regard. He writes in the modern, surrealist manner, often reminiscent of Guillaume Apollinaire (see Note 30 below). Deliberately he chooses the most commonplace expression and a 'flat' imagery

that will permit him to convey the emotion he has experienced.

To what does the poet compare the child saying his prayers? What is his own prayer? Saint Augustine said that we do not really begin to pray until we are no longer conscious of the act of praying. Is Franz Hellens trying to say this, or something slightly different?

20. ROGER BODART (1910– ). A poet and essayist, Roger Bodart is now literary adviser to the Belgian Ministry of Education and a member of the Belgian Royal Academy of French Language and Literature. In 1937 he was awarded the *Prix Verhaeren* for his collected verse, *Office des Ténèbres*. He sings simply yet clearly of the life he loves: of home, of the family, of the countryside; of the natural pleasures of ordinary existence which are the only real and permanent things life has to offer.

Here the poet re-tells in modern form the legend of the conversion of Saint Hubert, who became Bishop of Liège and died in 727. The future saint was out hunting one Good Friday when a stag confronted him, bathed in a mysterious light that showed up a crucifix between its antlers. A chapel was erected on the spot (one is still there) and Saint Hubert afterwards became the patron saint of hunters. The forest of Saint Hubert, where the incident occurred, is in the Belgian Ardennes.

Explain the meaning of the lines:

Il portait dans ses ramures
L'éternel matin.

Explain also what you think the poet means by the last verse of his poem.

21. (For biographical details see Note 1 above.) Notice how the structure of this poem imitates the long, slow procession of

the monks making their way to prayer, their day's work over. Pick out particular lines which emphasize this. In what various tasks have the monks busied themselves during the day? Explain the significance of the lines:

> Et promener sur leurs consciences funèbres
> La froide cruauté de leurs regards d'acier.

What is the general prayer that the monks offer up?

22. FRANÇOIS VILLON (1431–1463?). François de Montcorbier, or des Loges, better known as 'le pauvre Villon', was one of the most picturesque characters of the Middle Ages, and certainly one of the greatest poets. What we know of his life is extremely sketchy—and that information comes mainly from police records. He graduated at the Sorbonne in 1452. In 1455 he killed a priest in a brawl and thought it prudent to go into hiding. Back in Paris within a year, he was involved in the theft of 500 golden crowns from the Collège de Navarre and was once again 'on the run'. All trace is then lost of him until 1461 when the Bishop of Orléans caused him to be imprisoned at Meung-sur-Loire, in all probability for a theft and murder committed in the neighbourhood. He was fortunate to be reprieved by Louis XI who passed that way, but, back in Paris again, he was involved in a further brawl and condemned to be 'pendu et étranglé'. He lodged an appeal which was successful, but, 'en regard à la vie mauvaise du dit Villon' he was banished for ten years. He was then thirty-two years of age, and nothing further is recorded of him. His two major works are the *Petit Testament* (1456) and the *Grand Testament* (1461). The ballad printed here was probably written under sentence of death (as the title indicates). A corpse on a wayside gibbet is supposed to be addressing the passers-by.

How many corpses are dangling on the gibbet? For what good reasons is the passer-by asked to take pity on the criminals? Describe the appearance of the corpses. Note the grim realism of the poem. Does the poet whine or complain —or does he accept his fate with resignation and dignity?

23. CHARLES D'ORLÉANS (1391–1465). A charming lyric poet, the greater part of whose life was spent fighting in the disastrous Hundred Years' War. His father was assassinated by men in the pay of the Duke of Burgundy when he, Charles, was only sixteen years old. Captured at the Battle of Agincourt by Henry V, he spent the years from 1415 to 1440 as a prisoner in England, confined to the Tower of London, and he wrote a large part of his poetry in this country. Indeed, could not *Rondel du Printemps* have been inspired by our own Spring weather? In England at any rate he wrote his most famous ballad containing the memorable lines:

> Paix est trésor qu'on ne peut trop louer.
> Je hé guerre, point ne la doit prisier;
> Destourbé m'a longtemps, soit tort ou droit,
> De voir France que mon cœur aimer doit.

It is pleasant to think that he died peacefully at a ripe old age in the Château de Blois, surrounded by friends.

Examine this poem carefully to discover the rules governing the composition of a *rondel*. Compare it with poems 34 and 51 below. What are the chief signs that herald Spring, according to the poet?

24. STUART MERRILL (1863–1915). An American, born on Long Island, New York, Stuart Merrill came to France at an early age and devoted himself to the literature of his adopted country. He wrote charming lyrics, clear, fresh and simple in their appeal.

What, according to this poet, are the chief characteristics of Spring? Compare them with those of poem 23 above. What especial differences do you note, and how do you account for these differences?

25. (For biographical details see Note 1 above.) A robust, bustling poem, full of life and animation and seen with that sure eye for detail that Verhaeren possessed. It reminds one forcibly of a painting by the early Flemish artist, Pieter Brueghel.

26. JEAN RICHEPIN (1849–1927). The son of an army doctor, Jean Richepin was born in Algeria. A brilliant university career was followed by all kinds of odd jobs. He was in turn an actor, a sailor, a stevedore, but he eventually settled down to writing as a career. He is probably best known in the theatre.

    Who do you think is supposed to be speaking these lines? What is the meaning of:

    Avril sourit dans les toilettes

    and:

    Les femmes, boursicot garni,
    Vont aux printanières emplettes.

    What are the general signs that tell the poet April is here?

27. CHARLES VAN LERBERGHE (1861–1907). One of a group of Belgian Symbolist poets who were all educated at the Jesuit college of Sainte-Barbe in Ghent, Charles Van Lerberghe was fortunate to be well provided for and to be able to devote all his life to literature and to travel. His output was small, but he sought absolute perfection in all he wrote. He is what has come to be described as a 'pure' poet: his verse is limpid, musical, polished, and he strives to convey what he himself called 'l'éternelle chanson de l'âme humaine'.

    Notice how cleverly the poet personifies summer rain. Pick out the significant lines.

28. (For biographical details see Note 8 above.) Here is an entirely different picture of rainy weather from the one above. Point out the essential differences. Here is a windy, gusty rain.

Show how the impression of this is conveyed. How does the poet console himself against the rainy day?

29. RÉMY DE GOURMONT (1858–1915). Rémy de Gourmont is best known for his novels, essays and critical writings, but he wrote some charming verse of great simplicity and felicity of expression. He scorned success. He castigated the pompous. He held that happiness should be the goal of all human existence.

What part of France is most obviously the setting for this poem? What exactly does the poet have to say?

30. GUILLAUME APOLLINAIRE (1880–1918). It is characteristic of Apollinaire that in 1911 he should be unjustly arrested in connexion with the theft of the *Mona Lisa* from the Louvre, and that in 1918, on Armistice Day, as he lay dying from a head wound received in the war and heard the people shouting: 'A bas Guillaume!' (referring to the German Kaiser) he should think they meant him! For he was an odd character and a rebel against all orthodoxy. Apollinaire was the first poet to see that if he was to correctly interpret the modern world he must have his own approach to it and must therefore break away from traditional forms of poetic expression. Thus his work is primarily a protest against setting conventional limits to the subject of poetry and a claim that most commonplace subjects, if properly treated in modern idiom, have quite a magic of their own. That magic he distilled with rare skill, and though he liked to shock his readers to greater attention by the very peculiar verse forms he often used, for his best poetry—punctuation apart, which he abominated and thought an unnecessary hindrance—he remained faithful to established forms but generally substituted assonance for rhyme.

Note what a beautifully evocative picture of autumn the poet gives us. Very simple, very human, and the melancholy of it all skilfully conveyed by the verse form he chooses. Discuss the human element and its implications.

31. PAUL VERLAINE (1844–1896). The most fascinating and probably the weakest character among French poets since Villon. All his poetry has a rare simplicity and a true lyrical note. Many of his best poems catch him in a mood of regret for wasted opportunities. He was born at Metz, educated in Paris, became a minor civil servant. He launched the precocious young poet Arthur Rimbaud on his career and travelled with him through England and Belgium. In Mons he was imprisoned for two years for having, in a drunken bout, drawn a revolver on Rimbaud and wounded him. He came to England again after this incident and worked for a time as a schoolmaster at Bournemouth where he was hopelessly 'ragged' by his pupils. He ended his days in Paris, living little better than a tramp, his drinking bouts alternating with periods in hospital. Read the fascinating essay by André Gide: 'Trois Rencontres avec Verlaine' published in *Feuillets d'Automne*, Mercure de France, 1949.

Note how the poem admirably conveys the sighing and soughing of the autumn wind. To what does he compare it? And to what does he compare himself?

32. ALFRED DE VIGNY (1797–1864). Brought up at the time of Napoleon's resounding victories, Vigny dreamed in his youth of military glory and achievements. He obtained a commission as second lieutenant under the Restoration monarchy, but was quickly disillusioned by the idle life of the peacetime soldier. He occupied his abundant leisure in writing poetry and then, after thirteen years of army life, he married and resigned his commission (1828). The remainder of his life was devoted to literature. Together with Hugo and Lamartine he made an attempt to enter politics in 1848–49, but convinced he was a failure, he retired embittered to his

country estate and became very much the poetic recluse. His philosophical outlook on life—his appeal to the stoic in man—is summed up in a famous passage from one of his best-known poems, 'La Mort du Loup':

> Gémir, pleurer, prier, est également lâche.
> Fais énergiquement ta longue et lourde tâche
> Dans la voie où le sort a voulu t'appeler,
> Puis, après, comme moi, souffre et meurs sans parler.

Describe carefully this snow scene as Vigny depicts it. Note the telling effects he obtains from the contrast of black and white. Note also how the desert nature of the countryside under a blanket of snow is intensified by the presence of a solitary black crow.

33. MAURICE FRANC-NOHAIN (1872–1934). A minor poet, but a poet of real charm and felicity of expression. There is no malice, no bitterness, in any of his commentaries on life. He takes life as he finds it—and he finds it absurd and asks you to smile with him at the absurdities.

What are the main differences between this picture and that given us by Vigny? Does this poem illustrate Franc-Nohain's fondness for the absurd? Give examples.

34. (For biographical details see Note 23 above.) Why does the poet detest winter? In what ways does he maintain summer differs from winter?

35. EMILE HENRIOT (1889–1961). Poet, novelist and literary critic, Emile Henriot excels in depicting simple country scenes. It is significant that the collection of verse from which this poem is taken is called 'Les Aquarelles'.

At what vantage point does the poet choose to set up his easel to make this water-colour sketch of the village? Describe what he sees and the colours he uses.

36. (For biographical details see Note 6 above.) Note how lovingly the poet describes the *sounds* of village life. Why does he call the trees 'paresseux'?

37. (For biographical details see Note 1 above.) Again, the kind of picture that the Flemish artist, Pieter Brueghel, could have painted. Note the bustle and animation, and the sensuous pleasure in the appearance and smell of good food that is conveyed.

38. (For biographical details see Note 1 above.) This is an early poem of Verhaeren and shows him in a reflective mood and at a time when he was very interested in painting and in pictures. Note the affinity it has with poem 35 above. Note also that Verhaeren did not always use the *vers libre*: he chose the verse form that best suited the mood and the subject. Here he has given us a poem in the traditional sonnet form.

39. TRISTAN KLINGSOR (1874– ). Painter, musician and poet, Klingsor specializes in the 'elegant trifle' of which this poem is a good example.

    Why does the poet entitle his poem 'Le Rideau'? Can you see any symbolism of any kind in it?

40. (For biographical details see Note 1 above.) A poem very much in the same mood as poem 38 above, and also written in the traditional sonnet form. What dramatic interest does the poet introduce?

41. (For biographical details see Note 1 above.) This poem was written at a time when Verhaeren was ill and also depressed by the death of his parents. He sees the mill as of flesh and bone, like the poet, suffering like the poet and, with outstretched arms, complaining to heaven.

    Note how the melancholy mood is conveyed and sustained: adverbs ending in *-ment*, alliteration, repetition, long drawn-out vowel sounds, etc.

42. (For biographical details see Note 9 above.) What exactly is the poet describing? At what time of the day? Why is the poet an 'obscur témoin'? Is there anything symbolic about the poem?

43. (For biographical details see Note 7 above.) Here Rimbaud uses the traditional sonnet form and manages, within the strict limitations such a form imposes on him, to paint a very vivid picture of the young tramp—himself, of course! Describe his appearance. What is the meaning of the line:

Mon paletot aussi devenait idéal?

44. THÉODORE DE BANVILLE (1823–1891). Son of a captain in the French navy, Banville spent his schooldays cheerlessly in Paris and on leaving school devoted himself entirely to literature, becoming a journalist and dramatic critic. He published his first volume of poetry in 1842 and thereby won the friendship of Vigny. A delightful lyrical poet, like Baudelaire (see Note 47 below) he strove constantly for perfection and gave great attention to the form of his poetry.

For what specific reasons does the poet invoke blessings on Night? Analyse the structure of this poem. What do you find?

45. JEAN DE LA FONTAINE (1631–1695). The most popular of all French poets, La Fontaine is best known as a writer of fables—witty, exciting and dramatic fables in which he attacks the stupid pride, the corruption and the self-seeking of the nobles who flocked to the court of Louis XIV, and also of the rich bourgeois classes who would ape nobility. He was a happy-go-lucky, absent-minded man—the story is told that he did not even recognize his own children on the rare occasions on which he met them—who enjoyed the protection of the most distinguished people of his day, and the friendship of Boileau, Molière and Racine.

Notice how dramatically and with what economy of words

the story is told. Who does the lion represent? And the rat? What, do you think, is the moral of the fable?

46. (For biographical details see Note 45 above.) Note once more the dramatic force of the story. This time, La Fontaine points his moral quite clearly in the last four lines. Explain it.

47. CHARLES BAUDELAIRE (1821–1867). The claim that Baudelaire is the 'father' of modern French poetry is based primarily on his interest in modern civilization and in men and things seen in close relationship to that civilization. He sings of the *ennui*, of the spiritual apathy of his times. He interests himself in 'la vie irréelle'. He translates into French the works of the American novelist and poet, Edgar Allan Poe. He is absorbed by the idea of perfection in all things artistic and strives hard to achieve this perfection. In *Les Fleurs du Mal*, published in 1857, he further upholds that beauty can be extracted from commonplace and even ugly things. Constantly misunderstood, he led a tortured and harassed life and sought consolation in the idea that in this materialistic world the poet (like the albatross) must ever remain a subject for mockery. None the less, to have a great artistic purpose is the only way to release the soul from material bondage.

What is the moral the poet is attempting to convey? How well has he succeeded? Pick out and comment on what seem to you to be the significant lines.

48. (For biographical details see Note 47 above.) What is the moral of this poem? Do you agree with it? Which of these two poems (47 and 48) do you prefer, and why?

49. (For biographical details see Note 26 above.) An amusing, whimsical poem. Pick out the significant lines.

50. (For biographical details see Note 44 above.) A very accurately observed poem, the poet's imagination having been caught

by the changing colours of the fish in the fisherman's net. Note the polished discipline of each verse.

51. MAURICE ROLLINAT (1853–1903). A poet much influenced by Baudelaire. Though constantly obsessed by the tortures of death and by unpleasant imagery, he yet managed to write some charming children's verses and accurately observed nature poetry. The poem chosen to represent Rollinat in this anthology is a good example of both kinds.

Examine the structure of the poem. What poetic form has Rollinat chosen? Is it well suited to his subject?

52. (For biographical details see Note 6 above.) A very moving tribute to a dead dog. What important lesson has the poet's dog taught him? What favour does the poet ask of God? What do you think is the meaning of the line:

toi que nourrit la faim que ton maître partage?

53. (For biographical details see Note 47 above.) A brilliant and acute piece of observation of the behaviour of cats. Pick out significant lines to illustrate this. According to the poet, which people particularly like cats, and why? What verse form has the poet used?

54. PAUL FORT (1872–1960). Paul Fort, who was born in Rheims, has given us no fewer than forty volumes of his *Ballades françaises et chroniques de France.* His poems mirror the whole history of France and betray a sympathetic and tender understanding of the lives and doings of its people. He is indeed the ballad-maker of the century. He has founded no school of poetry nor has he influenced other poets. His best work gives the impression of carefree spontaneity. His mannerism is to disguise the fairly regular verse forms he uses by printing them as prose paragraphs.

What was the little white horse's daily task? How did he come to die? Why is the horse described as courageous?

55. (For biographical details see Note 31 above.) This poem was written during Verlaine's period of imprisonment at Mons. A sad poem conveying the thoughts of the sleepless prisoner from dusk to dawn, his only companion the mouse.

56. JEAN RAMEAU (1859–1942). Poet and novelist, Jean Rameau has written some charming and simple nature poetry, touched with humour, of which this is a fair example.

Notice how the verse form imitates very cleverly the butterfly's flight from flower to flower.

57. JOACHIM DU BELLAY (1525–1560). Meeting Ronsard by chance at an inn on the road to Poitiers, du Bellay became his firm friend and disciple. When his uncle, the Cardinal du Bellay, became French ambassador to Rome, Joachim joined him there for four years as his private secretary, but was soon homesick for his native Anjou, as Poem No. 69 testifies. The poem printed here reveals du Bellay's simple philosophy of life and his contempt for court intrigue, of which he saw much.

Into what different categories does the unhappy poet divide the various people he meets?

58. (For biographical details see Note 23 above.) How does the poet hope to dispel the melancholy moods that can assail him? Is this the right approach?

59. PIERRE DE RONSARD (1524–1585). Of noble parentage, Ronsard was born to the life of the glittering French court and was successively page to the Duke of Orleans, to Madeleine of France (who married James Stuart and whom he followed to Scotland—a country he did not much like) and then to Charles d'Orléans. Then, when he was only eighteen, he was smitten with deafness, resumed his interrupted studies,

and in time became the leading lyric poet of Europe. Successive kings and queens of France did him honour, including Marie Stuart, and he came to be called 'le Prince des Poètes Français'. In almost all his poems he sings of man and his relationship with nature, of love and beauty that must fade and pass away like the rose or any other flower. William Butler Yeats, the Irish poet, has himself written a very fine English sonnet based on Poem No. 90.

Note the close parallel maintained between the destruction of the rose and of Marie. What does the poet offer up at the girl's funeral? This is a very stylized poem. Find points to illustrate this statement. Examine the structure of the sonnet form here used.

60. ALFRED DE MUSSET (1810–1857). Alfred de Musset was in many ways the spoilt child of the Romantic period. He was handsome, charming, frivolous, unfortunate and unhappy. His sensitive lyric verse has strains of real beauty and real pathos. His one guiding principle in all he wrote was that the poet must open his heart sincerely to the reader and aim at evoking the correct response.

What is this poet's remedy for melancholy?

61. (For biographical details see Note 60 above.) State as clearly and as simply as you can the poet's philosophy of life as conveyed by this poem. Would you agree with it?

62. (For biographical details see Note 31 above.) Another poem from the prison cell Verlaine occupied in Mons. How can you tell this from reading the poem? What restricted view does the poet have from his cell window? Is there any indication given in the poem that Verlaine intends to mend his ways?

63. (For biographical details see Note 31 above.) Here, the monotonous downpour of rain matches the poet's own feelings of

enduring and unendurable sadness. Note how skilfully the verse form is used to capture the poet's mood. Give examples of how this is done.

64. (For biographical details see Note 47 above.) To what is the ringing of the old bell compared? Would you consider the comparison a happy and just one? What, according to Baudelaire, is the poet's function?

65. (For biographical details see Note 47 above.) A difficult poem but one that will repay the effort spent in studying it. What is the poet's chief desire when evening falls? How does he differ in this from the mass of humanity? Is such introspection on the part of the poet a good thing? Pick out the significant images in the poem and say why you like and have chosen them.

66. MARC-ANTOINE DE SAINT-AMANT (1594–1661). Traveller, soldier and musician, Saint-Amant enjoyed life to the full and extracted from it every pleasure he could. As with most men of his kind, bouts of depression or melancholy succeeded periods of gay and riotous living, and his verse in consequence tends to be a mixture of heartiness and melancholy. He has been summed up as the poet of humorous extravagance.

In what mood is the poet here? Where is he sitting to smoke his pipe? What moral lesson does he draw from the incident?

67. (For biographical details see Note 3 above.) Again a poem in the modern style. Note the lack of punctuation. Explain as simply as possible the poet's intention and the cause of his sadness.

68. MARCEL THIRY (1897– ). From an early and impressionable age Marcel Thiry has lived in a world of excitement. At the age of twenty he found himself in Russia with a Belgian

machine-gun corps. The Russian revolution broke over him and he made his way back to his native Belgium via Moscow, Vladivostock, San Francisco, New York and Bordeaux—a complete world tour before fighting out the last stages of the 1914–18 war in Flanders. Where was he going? Why was he going there? Where was the world going? And where would it all end? He has been obsessed with these thoughts ever since, as Poem No. 76 clearly shows. In style and approach he has been strongly influenced by Apollinaire (see Note 30 above), and there is a genuine lyrical note in everything he writes.

In true surrealist manner the poet laments the passing of his youth. Pick out and discuss the aptness of the surrealist expressions.

69. (For biographical details see Note 57 above.) What is the poet's dearest wish? From where is he writing this poem? How do you know this? Where is his home and what is it like?

70. MARIE STUART (1542–1587). The daughter of James V of Scotland, Marie Stuart became Queen of France by her marriage with Francis II (1544–1560). Left a widow when still little more than a girl she returned in some dismay to her native Scotland to marry first Darnley and then Bothwell, Darnley's assassin! Insurrection followed and the unhappy queen then fled to England for protection where she proved an embarrassment to Queen Elizabeth, who was striving to save her Protestant throne from the machinations of the Catholic Philip II of Spain, the widower of Queen Mary of England (died 1558). Queen Elizabeth imprisoned the luckless and foolish Queen of Scotland for eighteen years and then had her beheaded.

A touching and sincere lyric.

71. PIERRE-JEAN DE BÉRANGER (1780–1857). Born in Paris, Béranger witnessed the capture of the Bastille from the roof

of the school he attended, and the rumble of the guns during the revolution made a vivid impression on his early childhood. In his determination to become a writer he almost starved, but was rescued by Lucien Bonaparte, who obtained for him a secretaryship at the University of Paris. Béranger had meantime turned to the writing of popular songs. His fame quickly spread, and, though he was twice imprisoned under the Restoration monarchy for the political sentiments he expressed in his songs, he remained a firm favourite—even with Louis XVIII who is reported to have said: 'On doit beaucoup pardonner à l'auteur du "Roi d'Yvetot".' Other poems of his played a great part in the development of the Napoleonic legend. At his funeral the streets of Paris were lined with soldiers and humble townsfolk from whom rose the cry: 'Honneur, honneur à Béranger!'

Compare this poem with Poem No. 70 above, from which it most obviously drew its inspiration. Which poem do you consider the more sincere? Why?

72. (For biographical details see Note 20 above.) This poem was written at the close of the 1939–45 war when Bodart, who had fought with the Resistance movement, was at long last able to return to his beloved Ardennes country. What do you think the poet means by the line:

Je porte sur mon front la trace du naufrage?

In what traditional verse form is the poem written? Examine its structure carefully. What, in particular, does the poet seek in his native countryside?

73. CASIMIR DELAVIGNE (1793–1843). Born at Le Havre and educated in Paris, Delavigne became a popular national dramatist and poet under the Restoration monarchy. He was generous, devoid of all ambition or jealousy, and he wrote solely for the times in which he lived, developing a vigorous and dramatic style that contained little genuine poetic imagination.

Note the dramatic quality of this poem: it could be acted out in pageant form. Note also the dramatic detail of description. Pick out striking examples.

74. (For biographical details see Note 9 above.) A dramatic and pathetically moving incident. How does the poet get the pathos across? Give examples.

75. (For biographical details see Note 7 above.) Note how here the poet builds up carefully to his climax: the peaceful sleep of the soldier in the smiling and peaceful countryside is the sleep of death. What verse form has the poet chosen? Justify the choice.

76. (For biographical details see Note 68 above.) This poem was written in the late 1920's! A grim prophecy of the shape of things to come, and made all the more grim by the deliberate whimsy.

77. CHARLES CROS (1842–1888). To say that Charles Cros dissipated his extraordinary gifts as a linguist and his ability as a promising scientist is to malign him. He was a precocious, talented youth who never managed to take root. He abandoned his medical studies to plunge himself into the bohemian literary life of the Paris of his day—and he managed to produce in his lifetime one single volume of verse, *Le Coffret de Santal* (1873), which has since made him famous. In 1877 he failed through lack of money to patent an invention which anticipated Edison's phonograph by several months. He died poor and neglected, despite the fact that Verlaine singled him out for special praise and that his genius as a lively and highly individualistic poet was generally recognized.

What is the poet's idea of the ideal life for a king?

78. (For biographical details see Note 71 above.) This is the poem which gave Louis XVIII much delight. Can you explain why?

79. (For biographical details see Note 9 above.) What is the substance of the poet's day-dream? What does he say their luggage will consist of? What is the significance of 'nos deux chevaux *mensonges*'?

80. GÉRARD DE NERVAL (1808–1855). A highly emotional young man who at the age of twenty-eight fell madly in love with a young actress who refused him. A mental breakdown followed. He travelled abroad on his recovery. He translated Goethe's *Faust* and collaborated with Alexandre Dumas as a playwright. Madness overcame him several times and he finally committed suicide.

    What vivid picture does the special air the poet loves conjure up in his mind? Does some piece of music do the same thing for you?

81. (For biographical details see Note 47 above.) What does the pipe do to soothe and calm the poet?

82. MAURICE MAETERLINCK (1862–1949). Born in Ghent, Maeterlinck began by studying law and published his first volume of verse at the age of twenty-seven. From that moment onwards he devoted his life to literature, became associated with the leaders of the Symbolist movement, and was responsible through his first play, *La Princesse Maleine* (1890), for introducing Symbolism into the theatre. Ultimately more famous as a playwright and as the author of *La Vie des Abeilles* (1901), he was none the less a poet of considerable power, a man of broad human understanding, and a philosopher who spent his life in the quest for human happiness. His most famous play, *L'Oiseau Bleu* (1909), deals with this quest and states the author's conviction that there can be no dead.

    Maeterlinck was the poet of an adult never-never land, and this poem—vague and imprecise—is a good example of his style.

What do you think the sisters are looking for? Are they successful? What do they do when they are wearied?

83. (For biographical details see Note 82 above.) Once again an evocative and rather mysterious poem. Does it remind you of other poems by English poets? Try to explain it. Is it not true to say of Maeterlinck's poetry what another poet (Paul Valéry) once said of his: 'Mes vers ont le sens qu'on leur prête'? And is not this the essence of all really great poetry?

84. (For biographical details see Note 54 above.) Can you discover a moral in the poem? Why should the young men become sailors?

85. (For biographical details see Note 3 above.) This poem has been discussed in the introduction. Could you imitate it?

86. GRÉGOIRE LE ROY (1862–1941). A poet who is fascinated by the tempo of modern life yet who yearns nostalgically for the past in proportion as he grows uneasy about the present. Like Verhaeren, he harks back to his childhood days in Ghent; like Verhaeren he sings of and for the people, but it is a plaintive song sympathizing with their poverty and unfulfilled dreams.

Note how the slightly uneven rhythm of the spinning wheel is cleverly captured in the rhythm of the poem, and how the wheel is made to run down at the very end. Examine the structure of the poem.

87. CHRISTINE DE PISAN (c. 1363–c. 1430). One of the first woman poets of France, Christine de Pisan wrote poetry to make a living when she had been left a widow at the early age of twenty-five. She was the daughter of the king's astrologer and spent most of her life at the court of Charles V.

A delightful love lyric.

88. EUSTACHE DESCHAMPS (c. 1340–c. 1410). Eustache Deschamps held various offices at the courts of Charles V and Charles VI. He wrote voluminously and to him we are indebted for many details of the life of his times. He did much to establish the *rondel* and ballad forms in France. He wrote a ballad in praise of Geoffrey Chaucer for having introduced the *Roman de la Rose* in translation to the barbaric English!

A stylized description of a typical young girl at the king's court. What does she look like? How is she dressed?

89. ANONYMOUS, PROBABLY 15TH CENTURY. How is the girl's lover dressed? How did he come to die?

90. (For biographical details see Note 59 above.) Probably the most famous of Ronsard's love sonnets. How does he attempt to woo the girl? What moral lesson does he drive home? There is more than a reminder of the Latin poet, Horace, about this poem, e.g. 'carpe diem quam minimum credula postero'—Horace, *Odes*, I, No. XI.

91. PIERRE CORNEILLE (1606–1684). Corneille was born at Rouen, the former capital of Normandy, and, like his father, took to the law for a living. A play he wrote met with such success when performed in Rouen that he was persuaded to put it on in Paris in 1629, and from then on his success as a playwright was assured. His most famous play, *Le Cid*, produced in 1636, caused quite a storm, raised the jealous attacks of contemporary playwrights, and incurred him the enmity of the all-powerful Duc de Richelieu. The public, however, liked Corneille's plays and he went from strength to strength. Paris never attracted him until his old age, and then, when he did settle there in 1662, he was out of his element and found his plays unwanted because now deemed old-fashioned. He was essentially a provincial and a family

man. This poem was dedicated to the famous actress of Corneille's day, Mademoiselle du Parc.

What argument does the poet sustain in order to win the favours of his beloved? What is the only way in which her beauty can be made enduring?

92. (For biographical details see Note 80 above.) A ballad of love that is strongly influenced by the poet's admiration for the work of Goethe. Note the strong, dramatic action and the swiftness and ease with which the story is unfolded.

93. (For biographical details see Note 60 above.) What warning does Barberine give her 'beau chevalier'? How does she show that she remains faithful to him?

94. (For biographical details see Note 9 above.) Where did the lovers wander? At what season of the year? At what time of the day? What exactly did they see? How does the poet emphasize the immense size of the towers of Notre-Dame?

95. (For biographical details see Note 60 above.) Why does Fortunio refuse to name his lover? What hints does he throw out of what she is like and of how strong his love is for her?

96. (For biographical details see Note 77 above.) A Gothic and macabre story amusingly and dramatically told.

97. (For biographical details see Note 82 above.) In what ways would you say that this poem is highly typical of all that Maeterlinck writes?

98. HENRI ALLORGE (1878– ). Mathematician, poet, and minor novelist. He writes charming verse with a gaiety all its own, though he is often in a disillusioned frame of mind.

What is the mistake that the poet made? What led him to make this mistake?

99. (For biographical details see Note 30 above). What is the burden of the poet's complaint? What symbolic part does the river Seine play in all this?

100. JEAN MORÉAS (1856–1910). Greek by birth, Jean Moréas first came to France at the age of sixteen and established himself permanently in Paris seven years later, in 1879. It was he who first coined the name 'Symbolist' for the poets of his generation, but by 1891 he had returned to a more formal and traditional verse form that aimed at the classical purity of the times of Ronsard. This poem is in the traditional ballad form.

Can you find any points of similarity between this poem and one by Maeterlinck? Can you arrive at a definition of Symbolism from reading this poem and comparing it with others by Maeterlinck?

# *GLOSSARY*

*(of the more unusual words)*

**accord** (*m*), agreement
**accroupi,** crouching, squatting
**accueil** (*m*), welcome
**acier** (*m*), steel
**affront** (*m*), insult, reproach
**aile** (*f*), wing
**amer,** bitter
**âpre,** rough, harsh
**araignée** (*f*), spider
**arroser,** to water
**attente** (*f*), hope, expectation
**aube** (*f*), dawn
**aurore** (*f*), dawn
**aviron** (*m*), oar
**avoine** (*f*), oats

**bahut** (*m*), cupboard, chest
**bariolé,** multi-coloured
**battant** (*m*), clapper (of bell)
**bavard,** talkative
**bedaine** (*f*), paunch, belly
**bequeté,** pecked
**(se) béquiller,** to walk on crutches
**boudin** (*m*), black pudding
**bourdon** (*m*), pilgrim's staff
**bourdonner,** to hum, buzz
**bourreau** (*m*), executioner
**boursicot** (*m*), small purse
**broderie** (*f*), embroidery
**broncher,** to falter, stumble
**broussailles** (*f. pl.*), forest growth
**brûle-gueule** (*m*), short clay pipe
**bruyère** (*f*), heath, heather
**bûcher** (*m*), funeral pyre

**cagneux,** knock-kneed
**caille** (*f*), quail
**(se) carrer,** to sit, settle
**cercueil** (*m*), coffin
**cerf** (*m*), stag, deer
**chair** (*f*), flesh
**chantier** (*m*), shipyard, timber-yard
**chanvre** (*m*), hemp
**charier,** to turn about
**châtiment** (*m*), punishment
**chaume** (*m*), thatch
**chaumine** (*f*), small thatched cottage
**chiffon** (*m*), rag, scrap (of material)
**chômage** (*m*), non-working day
**cierge** (*m*) **à festons,** decorated candle
**cingler,** to lash
**cire** (*f*), wax
**clocher** (*m*), steeple
**clouer,** to nail

**coi(te),** quiet
**collier** (*m*), necklace
**colombier** (*m*), dovecot, pigeon house
**commode,** comfortable
**corbillard** (*m*), hearse
**coteau** (*m*), slope, hill
**courroux (en),** angrily
**courtine** (*f*), curtain
**coutre** (*m*), ploughshare
**crépuscule** (*m*), twilight
**cresson** (*m*), watercress
**crever,** to die, burst, be in holes
**cruche** (*f*), jug, pitcher
**cuisson** (*f*), cooking, baking

**daigner,** to deign, condescend
**dalle** (*f*), paving stone
**déchiré,** torn, broken
**délaissé,** abandoned
**(se) délier,** to come untied
**dentelle** (*f*), lace
**dépenser,** to spend
**dérober,** to hide
**dés à coudre,** thimble [mod. French = **dé** (*m*)]
**deuil** (*m*), grief
**duvet** (*m*), down

**ébloui,** dazzled, fascinated
**écarter,** to open, push on one side
**échafaud** (*m*), scaffold
**(s') éclairer,** to light up
**(s') écœurer,** to become dejected
**écuelle** (*f*), bowl, basin
**(s') effeuiller,** to shed leaves
**églantier** (*m*), eglantine, dog rose
**égout** (*m*), drain
**emblème** (*m*), symbol
**émeute** (*f*), belching (special sense)
**émoi** (*m*), ferment, flutter
**emplette** (*f*), purchase
**encoignure** (*f*), corner
**endurci,** hardened
**ente** (*f*), graft (of fruit tree)
**(s') entretenir,** to chat, talk
**escargot** (*m*), snail
**esquif** (*m*), ship, boat
**(s') étaler,** to stretch out, spread
**étang** (*m*), pond
**étirer,** to stretch

**faîte** (*m*), top, summit
**faner,** to fade, wither
**fanfaron,** swaggering
**féal** (*m*), faithful friend
**fécond,** fruitful, prolific
**fêlé,** cracked
**fierté** (*f*), pride
**filer,** to spin
**flâneur** (*m*), saunterer
**flétri,** faded
**flétrir,** to dishonour
**fondement** (*m*), foundation
**fouet** (*m*), whip
**fouillis** (*m*), confusion, jumble
**fouir,** to dig, plant

**fosse** (*f*), grave
**four** (*m*), oven
**fourré,** stuffed
**foyer** (*m*), hearth, home
**frêle,** weak, slender
**frileux,** susceptible to cold
**frôlant,** caressing, touching lightly
**froment** (*m*), wheat
**fumier** (*m*), dung heap

**gaver,** to gorge, cram
**gazouillement** (*m*), chirping, twittering
**girouette** (*f*), weather cock
**glaïeul** (*m*), gladiolus, wild iris
**gond** (*m*), hinge
**gosier** (*m*), throat, gullet
**gré** (*m*), will, wish
**grenier** (*m*), attic
**grillon** (*m*), cricket
**grive** (*f*), thrush
**guêpe** (*f*), wasp
**guérir,** to cure, heal
**gueux** (*m*), beggar

**haillon** (*m*), rag
**haine** (*f*), hatred
**haïr,** to hate
**huée** (*f*), shouting, clamour
**humide,** damp

**if** (*m*), yew tree

**juter,** to be full of juice

**lâcher,** to let go
**lame** (*f*), wave
**lard** (*m*), bacon
**las(se),** weary
**léger,** light
**leste,** nimble, active
**lie (couleur de),** wine-coloured
**linceul** (*m*), shroud
**lis** (*m*), lily
**lointain** (*m*), distance
adj. = distant
**lors,** then
**lourd,** heavy
**lucarne** (*f*), attic window
**luisant,** shining

**madrier** (*m*), thick oak (or pine) plank
**manteau** (*m*), cloak, mantle
**mare** (*f*), pond
**mèche** (*f*), lock (of hair)
**médire,** to talk scandal
**mensonge** (*m*), lie, illusion
**menuisier** (*m*), carpenter
**(se) méprendre,** to make a mistake
**mépriser,** to scorn
**meute** (*f*), pack of hounds
**moire** (*f*), watered silk
**monceau** (*m*), heap
**moribond** (*m*), dying person
**museau** (*m*), muzzle, snout, nose

**nageoire** (*f*), fin
**naguère,** formerly

**narine** (*f*), nostril
**naufrage** (*m*), shipwreck
**nef** (*f*), ship (poetic)
**niche** (*f*), corner, nook
**noyer** (*m*), walnut tree
**nuire,** to harm, injure
**nuque** (*f*), nape of the neck

**onéreux,** burdensome
**orge** (*f*), barley
**orgueil** (*m*), pride
**ornière** (*f*), rut

**paletot** (*m*), overcoat
**(se) pâmer,** to be transported with joy
**paon** (*m*), peacock
**parcelle** (*f*), bit, mote
**paresse** (*f*), idleness
**parlotte** (*f*), group of gossips
**parterre** (*m*), flower bed
**paupière** (*f*), eyelid
**penchant** (*m*), slope
**pervenche** (*f*), periwinkle
**pierrot** (*m*), gay fellow
**pignon** (*m*), gable end
**plaie** (*f*), wound
**planer,** to hover
**poisser,** to make sticky
**poterne** (*f*), postern gate
**pourri,** rotting
**poutre** (*m*), beam
**présage** (*m*), omen
**pressé,** hasty, hurried
**primevère** (*f*), primrose
**primitif** (*m*), person in an early painting
**prunelle** (*f*), pupil (of eye)
**puits** (*m*), well

**quant à,** as for

**râle** (*m*), death rattle
**ramier** (*m*), wood pigeon
**ramure** (*f*), antler, branch
**(se) régaler,** to feast oneself
**rein** (*m*), kidney (*pl.* = loins)
**rencogner,** to push into a corner
**renommée** (*f*), glory
**réseau** (*m*), net, network
**ressort** (*m*), spring
**rider,** to wrinkle
**rigole** (*f*), gutter, channel
**ripaille** (*f*), feasting, junketing
**rôdeur**, wandering
**ronger,** to gnaw, eat away
**rosée** (*f*), dew
**rouet** (*m*), spinning wheel
**rouille** (*f*), rust
**roux(sse),** rusty

**sapin** (*m*), fir tree, spruce
**seigle** (*m*), rye
**seigneurie** (*f*), lordship
**sève** (*f*), sap, grease
**sillon** (*m*), furrow
**soc** (*m*), plough-share
**soie** (*f*), silk
**somme** (*m*), nap, sleep
**souci** (*m*), care, anxiety

**souiller,** to dirty
**sourdine (en),** softly
**squelette** (*m*), skeleton
**suie** (*f*), soot
**suranné,** out-of-date

**taie** (*f*), pillow-case
**tailler,** to cut, shape
**tarir,** to dry up
**tasser,** to heap, pile up
**taupe** (*f*), mole
**témoin (en),** as bear witness
**tiède,** warm
**tintement** (*m*), tolling of bells
**tire-lire** (*m*), bird song
**tisser,** to weave
**tituber,** to stagger, reel
**(se) tordre (de rire),** to double up with laughter
**tortue** (*f*), tortoise
**train (peu de),** an easy-going life
**trépassé** (*m*), a dead person

**usine** (*f*), factory

**vacarmer,** to clash (here, of colours)
**van** (*m*), winnowing basket
**veiller,** to keep vigil
**verger** (*m*), orchard
**vergogneux,** modest, retiring
**veule,** feeble, weak
**veuve** (*f*), widow
**voguer,** to sail
**vol** (*m*), flight
**volet** (*m*), shutter
**volubilis** (*m*), convolvulus

# *INDEX OF AUTHORS*

*The numbers refer to the poems*


Allorge, Henri, 98
Anonymous, 13, 89
Apollinaire, Guillaume, 30, 99

Banville, Théodore de, 44, 50
Baudelaire, Charles, 47, 48, 53, 64, 65, 81
Bellay, Joachim du, 57, 69
Béranger, Pierre-Jean de, 71, 78
Bodart, Roger, 20, 72

Corneille, Pierre, 91
Cros, Charles, 77, 96

Delavigne, Casimir, 73
Deschamps, Eustache, 88

Elskamp, Max, 5

Fort, Paul, 54, 84
Franc-Nohain, Maurice, 33

Gautier, Théophile, 14, 15
Gourmont, Rémy de, 29
Gregh, Fernand, 8, 28
Guiette, Robert, 3, 67, 85

Hellens, Franz, 19
Henriot, Emile, 35
Hugo, Victor, 9, 10, 11, 17, 18, 42, 74, 79, 94

Jammes, Francis, 6, 36, 52

Klingsor, Tristan, 39

La Fontaine, Jean de, 45, 46
Lamartine, Alphonse de, 2
Le Roy, Grégoire, 86

Maeterlinck, Maurice, 82, 83, 97
Merrill, Stuart, 24
Moréas, Jean, 100
Musset, Alfred de, 60, 61, 93, 95

Nerval, Gérard de, 80, 92

Orléans, Charles d', 23, 34, 58

Pisan, Christine de, 87
Plantin, Christophe, 12

Racine, Jean, 16
Rameau, Jean, 56
Richepin, Jean, 26, 49
Rimbaud, Arthur, 7, 43, 75
Rollinat, Maurice, 51
Ronsard, Pierre, 59, 90

Saint-Amant, Marc-Antoine de, 66
Stuart, Marie, 70

Thiry, Marcel, 68, 76

Van Lerberghe, Charles, 27
Verhaeren, Emile, 1, 4, 21, 25, 37, 38, 40, 41
Verlaine, Paul, 31, 55, 62, 63
Vigny, Alfred de, 32
Villon, François, 22

# INDEX OF TITLES AND FIRST LINES

*Achetez mes belles violettes* 34
Adieu, charmant pays de France 87
Adieu, mars! Déjà l'on peut voir 34
Adieu, plaisant pays de France 86
*Adieux à la France* 86
*Adieux de Marie Stuart à la France, Les* 87
*Albatros, L'* 61
*Allez-vous-en, allez, allez!* 74
Allez-vous-en, allez, allez! 74
A présent c'est encor Dimanche 8
Assis sur un fagot, une pipe à la main 80
Au bord du toit, près des lucarnes 32
Au matin se sont rassemblés 63
*Automne* 39
A voir la ferme au loin monter avec ses toits 48
Avoir une maison commode, propre et belle 16

*Baiser volé, Le* 121
Beau chevalier qui partez pour la guerre 115
Blancs, bleus, gris, noirs, prompts, gais, fous, lestes 70
*Bonheur de ce monde, Le* 16
Brusques, sonnent au loin des tintements de cloche 26
*Buffet, Le* 11

Ce chasseur où qu'il s'en aille 25
C'est le moment crépusculaire 53
C'est un large buffet sculpté: le chêne sombre 11
C'est un trou de verdure où chante une rivière 93
C'était la première soirée 116
*Ceux qui sont amoureux* 73
Ceux qui sont amoureux, leurs amours chanteront 73
*Chanson* (Maeterlinck) 120

*Chanson* (Musset) 75
*Chanson* (Nerval) 114
*Chanson d'automne* 40
*Chanson de Barberine* 115
*Chanson de Fortunio* 118
*Chats, Les* 66
*Ciel est, par-dessus le toit, Le* 76
*Cloche fêlée, La* 78
Comme on voit sur la branche au mois de mai la rose 74
*Complainte du petit cheval blanc* 66
*Complainte populaire* 110

Dame souris trotte 69
*Dansez!* 14
Dansez, les petites filles 14
Dans le brouillard s'en vont un paysan cagneux 39
*Deo ignoto* 25
*Dimanche* 8
*Dormeur du val, Le* 93

*Ecrit au bas d'un crucifix* 23
*Elle l'enchaîna dans une grotte* 103
Elle l'enchaîna dans une grotte 103
*Enterrement d'une fourmi, L'* 64
Entre les pattes d'un Lion 59
*Epitaphe, L'* 27
Et chaque fois que l'almanach 47
Et s'il revenait un jour 120
Extrêmement blanche, la neige 41

*Fantaisie* 100
*Ferme, La* 48
Frères humains, qui après nous vivez 27

'Gentils galants de France' 110
*Greniers, Les* 50

*Grenouille qui veut se faire aussi grosse qu'un bœuf, La* 60

*Heureux qui comme Ulysse* 85
Heureux qui, comme Ulysse, a fait un beau voyage 85
*Hiboux, Les* 62
Hiver, vous n'êtes qu'un vilain 42

Il est amer et doux, pendant les nuits d'hiver 78
Il est nuit. La cabane est pauvre mais bien close 12
Il est un air pour qui je donnerais 100
Il était un roi d'Yvetot 98
*Il pleure dans mon cœur* 77
Il pleure dans mon cœur 77
*Il pleut* 37
Il pleut 37
Il y a une armoire à peine luisante 9
*Impression fausse* 69

*J'ai cherché trente ans* 102
J'ai cherché trente ans, mes sœurs 102
J'ai fait ce que j'ai pu; j'ai servi, j'ai veillé 23
J'ai perdu ma force et ma vie 76
*J'ai vu toute ma vie* 80
J'ai vu toute ma vie 80
*Jean sans terre* 6
Jean sans terre 6
*Je flotte comme un bouchon* 104
Je flotte comme un bouchon 104
Je m'en allais, les poings dans mes poches crevées 54
Je me souviens de la bonne saison 6
Je ne sais ce que veut mon cœur 32
Je suis la pipe d'un auteur 101
Jésus Christ s'habille en pauvre 19

La barque est petite et la mer immense 21
La machine qui répète 23
La mer s'en va comme ma jeunesse 82

La vieille file et son rouet 106
Le ciel est noir, la terre est blanche 20
Le ciel est, par-dessus le toit 76
Le moulin tourne au fond du soir, très lentement 52
Le mur est gris, la tuile est rousse 5
L'enfant avait reçu deux balles dans la tête 92
Le pêcheur, vidant ses filets 64
Le petit cheval dans le mauvais temps, qu'il avait donc du courage! 66
Le roi Loys est sur le pont 114
Les amoureux fervents et les savants austères 66
Les fourmis sont en grand émoi 64
Les sanglots longs 40
Le temps a laissé son manteau 31
Le village à midi. La mouche d'or bourdonne 46
Le village est au fond de la vallée. En haut 45
*Lion et le rat, Le* 59
*Lorsque l'enfant paraît* 15
Lorsque l'enfant paraît, le cercle de famille 15

*Ma Bohême* 54
*Maison abandonnée, La* 5
*Mardi gras au village, Le* 47
Marquise, si mon visage 112
Ma sœur la Pluie 35
Me voici reprenant le chemin du retour 88
*Mer s'en va comme ma jeunesse, La* 82
Mon Dieu, quelle guerre cruelle! 22
*Mon humble ami, mon chien fidèle...* 65
Mon humble ami, mon chien fidèle, tu es mort 65
*Mort de Jeanne d'Arc, La* 91
*Moulin, Le* 52

*N'as-tu pas peur...* 94
N'as-tu pas peur des ultra-sons 94
*Neige, La* 41

*Nocturne* 124
*Noël* 20
*Noël Lyonnais* 19
Nous bénissons la douce Nuit 56
Nous sommes là, ce soir, paisibles, sous la lampe 12
*Nuit, La* 56

*O la splendeur de notre joie* 3
O la splendeur de notre joie 3
*Orgue, L'* 118

*Papillons, Les* 70
*Pâques* 32
Pardonnez-moi, belle marquise 121
*Pauvres gens, Les* 12
*Paysage de neige* 41
*Pêche, La* 64
*Pendant la tempête* 21
*Pipe, La* 101
*Plainte d'un chrétien* 22
*Pluie d'été, La* 35
*Pont Mirabeau, Le* 122
*Printemps* 32

Quand on perd, par triste occurrence 75
Quand vous serez bien vieille, au soir, à la chandelle 111
Qu'il est doux, qu'il est doux d'écouter des histoires 41

*Recueillement* 78
*Rentrée des moines* 26
*Retour de l'exilé* 88
*Rêverie* 100
*Rideau, Le* 50
*Roi d'Yvetot, Le* 98
*Ronde, La* 104
*Ronde flamande* 97

*Rondel* (Orléans) 42
*Rondel* (Pisan) 109
*Rondel du printemps* 31

*Saison des semailles* 53
*Salle à manger, La* 9
Si j'étais roi de la forêt 97
Silence au camp! la vierge est prisonnière 91
Simone, allons au verger 38
*Simplicité* 23
Si souvent vais au moustier 109
Si toutes les filles du monde voulaient s'donner la main 104
Si tu veux, faisons un rêve 100
Si vous croyez que je vais dire 118
*Soir, Un* 12
*Soir d'avril* 116
Sois sage, ô ma Douleur, et tiens-toi plus tranquille 78
*Sonnet pour Hélène* 111
*Sonnet pour Marie* 74
Sous le manteau des toits s'étalaient les greniers 50
Sous le pont Mirabeau coule la Seine 122
Sous les ifs noirs qui les abritent 62
Sous un roi d'Allemagne, ancien 118
*Souvenir de la Nuit du Quatre* 92
*Souvenirs* 6
Souvent, pour s'amuser, les hommes d'équipage 61
*Stances à la Marquise* 112
Suis-je, suis-je, suis-je belle? 109

*Tabac, Le* 80
Temps superbe 50
Toc toc, toc, toc, — il cloue à coups pressés 124
*Tristesse* 76
*Trois petits oiseaux dans les blés* 63

Une grenouille vit un bœuf 60

*Veni, Vidi, Vixi* 23
*Verger, Le* 38
*Vieille file, La* 106
*Village, Le* 45
*Village à midi, Le* 46
*Virelai* 109
Vous qui pleurez, venez à ce Dieu, car il pleure 23

# *LIST OF ILLUSTRATIONS*

1. Jean Corot (1796–1875): *Landscape*
2. Edouard Vuillard (1868–1940): *Le Déjeuner du Matin*
3. Jean-François Millet (1814–75): *La Becquée*
4. Plantin's printer's device
5. Alfred Sisley (1840–99): *Snow at Louveciennes*
6. Georges Rouault (1871–1958): *Christ Crucified*
7. *Les Tres Riches Heures du duc de Berry: Cavalcade du 1er mai* (détail)
8. Pierre Auguste Renoir (1841–1919): *Les Parapluies*
9. Claude Monet (1840–1926): *Londres, le Parlement*
10. Camille Pissarro (1830–1903): *Path at Pontoise*
11. Pieter Brueghel (1529–69): *Peasant Dance*
12. Vincent Van Gogh (1853–90): *Thatched Roofs*
13. Henri Fantin-Latour (1836–1904): *Arthur Rimbaud* (détail du *Coin de Table*)
14. Wood engraving from 1868 edition of La Fontaine's Fables
15. Henri Rousseau (1844–1910): *The Hungry Lion* (détail)
16. Edouard Manet (1832–83): *Les Chats*
17. Pablo Picasso (1881– ): *Man and Horse*
18. Sixteenth-century woodcut
19. Baudelaire sous l'influence du haschisch (par lui-même)
20. Gonzales Coques (1618–84): *Smell*
21. French School: *Mary Queen of Scots*
22. Edgar Degas (1834–1917): *L'Absinthe*
23. Paul Gauguin (1848–1903): *Ronde Bretonne*
24. Jean Dubuffet (1901– ): *Man with a Basket*
25. Jean Antoine Watteau (1684–1721): *La Gamme d'amour*
26. Johan-Berthold Jongkind (1819–91): *Bateaux lavoirs au pont Notre-Dame*
27. Pierre Auguste Renoir (1841–1919): *Portrait*
28. Maurice Utrillo (1883–1955): *La Porte St Martin*

# *INDEX OF ARTISTS*

*The numbers refer to the pages*

Charles Baudelaire, 79
Pieter Brueghel, 49
Gonzales Coques, 81
Jean Corot, 4
Edgar Degas, 97
Jean Dubuffet, 105
Henri Fantin-Latour, 55
Paul Gaugin, 99
Johan-Berthold Jongkind, 116–17
Edouard Manet, 67
Jean-François Millet, 13
Claude Monet, 39
Pablo Picasso, 68
Camille Pissarro, 45
Pierre Auguste Renoir, 36, 121
Georges Rouault, 24
Henri Rousseau, 62
Alfred Sisley, 20
Maurice Utrillo, 123
Vincent Van Gogh, 51
Edouard Vuillard, 10
Jean Antoine Watteau, 112

# *ACKNOWLEDGEMENTS*

GRATEFUL thanks are due to the following poets (or their representatives) for permission to draw freely on their work: MM. Henri Allorge, Roger Bodart, Max Elskamp, Robert Guiette, Franz Hellens, Tristan Klingsor, Charles Van Lerberghe, Grégoire Le Roy, Maurice Maeterlinck and Marcel Thiry.

Similarly, the kindness and courtesy of various publishing houses must be recorded: Fasquelle Editeurs for poems by Fernand Gregh, Maurice Franc-Nohain and Jean Richepin; Librairie Ernest Flammarion for poems by Paul Fort; Librairie Gallimard for poems by Guillaume Apollinaire; Editions Albin Michel for a poem by Jean Rameau; Mercure de France for poems by Emile Henriot, Francis Jammes, Stuart Merrill and Emile Verhaeren.

I am especially indebted to Mrs Heather Karolyi for selecting the illustrations. For permission to reproduce, acknowledgements are due to the following: Bibliothèque Nationale, Paris (no. 16); the Courtauld Institute Galleries, London (no. 5); Mr and Mrs Hugo Dixon (no. 10); Gemeente Musea, Amsterdam (nos. 1, 23); Kunsthistorisches Museum, Vienna (no. 11); Librairie Hachette, Paris (no. 14); Dr Franz Meyer, Zürich (no. 15); Musée Condé, Chantilly (no. 7); Musée du Louvre, Paris (nos. 9, 13, 22, 26); Musée National d'Art Moderne, Paris (no. 2); the Trustees of the National Gallery, London (nos. 8, 20, 25); the Trustees of the National Portrait Gallery, London (no. 21); Photographie Giraudon, Paris (nos. 7, 13, 22); S.P.A.D.E.M. Paris (nos. 9, 22); the Trustees of the Tate Gallery, London (nos. 12, 17, 24, 28); and Mr and Mrs René Withofs, Brussels (no. 6). Thanks are also due to French Reproduction Rights Ltd for help in tracing a number of pictures.

VERNON MALLINSON